W0233363

Herbert Steffny   Ulrich Pramann

PERFEKTES MARATHON TRAINING

südwest

Seinen ersten
Marathon vergisst
man nie!

Abenteuer Marathon – reizvoller Lohn einer ungeheuren Anstrengung!

Faszination Marathon

▸ Was das Abenteuer Marathon so verlockend, aufregend und einmalig macht

▸ Der Marathon als privates Olympia

▸ Warum jeder Marathon eine Prüfung ist

▸ Wie sich das Runner's High anfühlt

Mythos, Geheimnis, Erfolg

Habe ich genug trainiert? Habe ich richtig trainiert? Wie wird das Wetter? Welches Shirt, welche Hose ist die richtige? Was tun, wenn ich Blasen kriege? Wie schnell sollte ich den Marathon angehen? Werde ich mein eigenes Tempo laufen oder mich doch von den Mitläufern und deren Pace anstecken lassen? Was, wenn ich einen Wadenkrampf kriege? Wie reagieren, wenn die ominöse Mauer da ist, wenn es richtig hart wird?

Werde ich in Versuchung geraten aufzugeben? Wie werde ich über den toten Punkt hinwegkommen? Können da die Zuschauer helfen? Wie wird es sein, wenn es nicht mehr weit zum Ziel ist? Werden dann wirklich Glückshormone dafür sorgen, dass ich glaube, ich fliege? Werde ich mich als Held fühlen, der einen Meter über dem Boden schwebt? Oder krieche ich auf dem Zahnfleisch ins Ziel?

Ein neues Leben
»Wenn du laufen willst, lauf eine Meile. Wenn du ein neues Leben kennen lernen willst, dann lauf Marathon.« Es war Emil Zatopek, der die Faszination Marathon genau auf den Punkt gebracht hat.

Marathon – die totale Erfahrung

Es sind viele Fragen, die sich ein Läufer vor einem Marathon stellt. Viele haben wir in unserem Bestseller »Perfektes Lauftraining« beantwortet, das Experten als »neue Laufbibel« preisen. Mit unserem neuen Buch, »Perfektes Marathontraining«, wenden wir uns speziell an jene Läufer, die schon mittendrin stecken im Abenteuer Laufen. Sie finden hier jede Menge praktische Tipps, die Ihnen helfen sollen, die Herausforderung Marathon spielerisch zu bestehen. Nein, der Mythos Marathon soll nicht entzaubert werden. Wir erklären Ihnen nur das Geheimnis für einen erfolgreichen Marathon.

Herausforderung des Geistes

Marathon ist mehr als Muskelleistung. Marathon ist eine ganz besondere Erfahrung. Diese Erfahrung ist total. Beim Marathon stößt jeder an seine physischen Grenzen. Trotzdem ist Marathon vor allem ein psychisches Abenteuer. Eine Herausforderung an die eigene Bequemlichkeit. Ein quälender Kitzel, in sich hinein zu laufen, um sich selbst kennen zu lernen.

Das Leben ist ein Marathon

Laufen als Lebenseinstellung. Das Leben als Marathon. Da läuft die Lust mit, an die eigenen Leistungsgrenzen zu stoßen: gegen die Uhr, gegen den inneren Schweinehund, im Pulk oder ganz allein und locker. Eine interessante Selbsterfahrung, die inzwischen Hunderttausende reizt. Für eine Medaille, für das erste Bier danach, für die Anerkennung. Noch in den 1970er Jahren schien diese Laufdistanz allenfalls eine Sache für Eliteathleten, asketische Typen oder Freaks zu sein. Seit den 1980er Jahren ist Marathon eine Art privater Mount Everest für solche Läufer geworden, die sich selbst immer mehr zutrauen. Er ist der reizvolle Lohn einer ungeheuren Anstrengung.

Der Marathonboom

Die Marathonbewegung findet ungeahnten Zulauf. Weltweit. Allein in den USA starteten im letzten Jahr über 500 000 Läufer, mehr als doppelt so viele wie vor zehn Jahren. Vierzig Prozent der Teilnehmer sind inzwischen Frauen. Der Köln-Marathon lockt über 16 000, Frankfurt/M. 14 000 und Berlin rund 40 000 Läufer an den Start – innerhalb von drei Herbstwochen. Die meisten laufen gegen keinen Gegner, nur gegen sich. Nein, eigentlich: für sich. Wer heute sagt: »Hey, ich trainiere für einen Marathon«, darf allseits mit Beachtung und Bewunderung rechnen.

Das Vorbild Joschka Fischer

Topmanager wie Jürgen Weber oder Georg Riedel, TV-Promis (Bettina Böttinger, Margarethe Schreinemakers,

Oprah Winfrey) oder Werder-Manager Willi Lemke aus Bremen beeindruckten als Marathonmitläufer. In der Bundesrepublik hat insbesondere Joschka Fischer den Marathon populär gemacht. Er steckte in einer Lebenskrise, war von seiner Frau verlassen worden, war dick geworden (112 Kilogramm), er hatte Herzschmerzen. Anstatt zu resignieren, begann er zu laufen. Regelmäßig: »Ich hab mir Turnschuhe gekauft und mich ums Bundeshaus geschleppt. Nach vier Monaten schaffte ich vier Kilometer.« Er nahm 37 Kilogramm ab. Irgendwann reizte auch ihn der Marathon. Er trainierte konsequent unter Anleitung und Plänen von Herbert Steffny, die Sie in diesem Buch finden. Mit 50 schaffte Joschka Fischer in Hamburg seinen ersten Marathon – in genau 3:41 Stunden. Im Ziel wirkte er ganz locker. Ein paar Jahre lang hatte Laufen sein Leben verändert: Er trank keinen Alkohol mehr, lebte gesünder.

Laufen ist leicht und macht rundum fit. Sie können Frust und Beschwerden ganz einfach davonlaufen.

Von der Couchpotato zum Marathon-Mann: Joschka Fischer hat's geschafft.

Lauferfahrung

Rob de Castella, australischer Welt-meister, sagte ein-mal: »Wenn du dich nach zehn Meilen schlecht fühlst, bist du in Schwierig-keiten. Wenn du dich nach 20-Meilen schlecht fühlst, bist du normal. Wenn du dich aber nach 26-Meilen noch nicht schlecht fühlst, bist du abnormal.«

Marathon – privates Olympia

Kann einer von uns auf Wimbledons Center Court gegen Kim Clijsters oder Roger Federer ein Match spielen? Ist es möglich, bei einem Grand Prix gegen Schumacher oder Alonso Runden zu drehen? Kaum. Beim Marathon hingegen kann jeder im Rennen mit den Weltbesten dabei sein – wenn auch mehr oder weniger weit hintendran.

Faszination Marathon – selbst wenn man nur ein typischer Mitläufer ist. Als Sieger kommen allenfalls zwei Dutzend Sportler infrage. 99,9 Prozent der Marathonläufer laufen, um es einfach mal auszuprobieren. Um etwas über sich selbst zu lernen. Was?

▶ Die Lust, wertvolle Grenzerfahrungen zu machen

▶ Die Neugier zu erfahren, was sich im Körper und vor allem im Kopf abspielt, wenn es scheinbar nicht mehr geht

▶ Die Angst vor der Strapaze

▶ Der Stolz, am Start zu stehen

▶ Der elende Kampf mit dem inneren Schweinehund

▶ Das Gefühl, sich ganz klein und ganz groß zu fühlen

Marathon – unheimlich und verlockend

»Wenn ich einen Marathon laufe, stelle ich meine Körperlichkeit ins Zentrum meines Lebens und des Universums.

Große Distanz, große Gefühle: Ein Marathon ist mehr als 40 Kilometer Laufstrecke, mehr als drei oder vier oder fünf Stunden Anstrengung. Ein Marathon ist ein Erlebnis.

Zahlen & Fakten

Auf den Punkt gebracht

▶ 80 Prozent der Marathonläufer nehmen auch an Volksläufen teil.

▶ 63 Prozent der Marathonläufer haben schon Halbmarathonläufe absolviert.

▶ 76 Kilometer (zwölf Stunden) trainieren sie pro Woche.

▶ 30 Jahre ist das durchschnittliche Laufanfangsalter.

▶ 43 Prozent der Marathonläufer sind Mitglied in einem Sportverein.

▶ 10 Prozent der Marathonläufer machen regelmäßig bei Lauftreffs mit.

▶ 65 Prozent der Läufer nehmen Ernährungszusätze wie Elektrolyte zu sich.

▶ 40 Prozent der Marathonläufer lesen regelmäßig ein Laufmagazin.

▶ 33 Prozent der Läufer starten bei Marathons im Ausland.

▶ 77 Prozent der Marathonläufer orientieren sich an der Attraktivität der Stadt.

In diesen Stunden tritt alles zurück, was sonst die Basis meines Lebens ist: Essen, Schutz, sexuelle Erfüllung. Ich reduziere mein Leben auf diesen Wettkampf, auf die höchsten Anstrengungen, die jetzt nötig sind.« So beschrieb der amerikanische Laufphilosoph, Autor und Runner's-World-Kolumnist Dr. George Sheehan seine Hingabe an den Marathon.

Sheehan verglich einen Marathon einmal mit einer Musik, deren Takt »kraftvoll und kämpferisch« ist und deren »Melodie des Glanzes und des Ruhms« uns »Freude verheißt und verlangt, den Körper zu disziplinieren, Mut zu finden, den Glauben immer wieder zu erneuern und eine Person zu werden, die total bei sich selbst ist«.

Das sind pathetische Worte für eine sportliche Großtat, die fast jeder schaffen kann. Vorausgesetzt, Sie sind regelmäßiger Jogger, Sie sind gesund, Sie bringen Ehrgeiz, Selbstdisziplin, Neugier und den Willen mit, sich ernsthaft auf den Lauf vorzubereiten.

Marathon – die Prüfung

Beim Marathon steht eine wichtige Prüfung bevor, bei der es um viel geht. Denn auf dem Prüfstand stehen Mut, Härte, Willenskraft und Leidensfähigkeit sowie Selbsteinschätzung und Selbstbestätigung.

Zäh, fleißig und emotional stabil lauten die Kennzeichen eines Langstreckenläufers. Marathonläufer sind relativ vollendete Persönlichkeiten, sie sind gewissenhaft, systematisch vorgehend, hart arbeitend, geduldig, ausdauernd, realistisch, selbstständig, leistungsmotiviert und überdurchschnittlich intelligent.

42195 – Millionen wissen längst: Das ist keine Postleitzahl und keine Telefonnummer. Die Ziffernfolge 42195 symbolisiert vielmehr ein Massenphänomen: MARATHON.

Diese Tugenden fand die Soziologin Susanne Kreitz in einer Studie heraus. Weitere Eigenschaften von Marathonläufern sind: ein selbstverständliches Überlegenheitsgefühl, Durchsetzungsstärke und Disziplin.

Runner's High

Mentale Fitness
Laufen stärkt übrigens nicht nur den Körper, sondern es macht auch geistig fit: Bei Versuchen mit Mäusen stellten amerikanische Wissenschaftler fest, dass Tiere, die sich in einem Laufrad bewegen können, schneller und besser als ihre faulen Artgenossen lernen.

Jeder Marathon öffnet das Tor zu großen Gefühlen. Der Läufer fühlt sich beflügelt. Er federt über den Asphalt. Die Beine – er fühlt sie nicht mehr. Jeder Schritt wird eine Leichtigkeit. Marathonläufer erzählen: »Man glaubt wirklich zu fliegen. Der Atem geht gleichmäßig, du spürst ein angenehmes, rhythmisches Gleichmaß. Wie stark du dich fühlst, wie leicht, wie elastisch, wie frisch. Vielleicht lächelst du vor Glück.«
Die Rede ist vom Laufrausch, dem Runner's High. Wenn es gut läuft, wird der Körper nach einer knappen Stunde von körpereigenen, morphiumähnlichen Hormonen (Endorphinen) durchströmt. Für den Marathonläufer George Sheehan das »Gipfelerlebnis des vollkommenen Friedens mit den Dingen«, bei dem er außerordentlich kreativ, ja poetisch werde.

Die Angst

Marathonläufer berichten jedoch auch vom Gegenteil des Runner's High: »Irgendwann ist sie da. Sie läuft von Anfang an mit, diese Angst vor Qualen, die du nicht kennst, nicht kennen kannst, diese Angst vor dem Aufgeben. Anfangs konntest du sie mühelos abhängen, weil es wunderbar lief. Doch plötzlich holte dich die Angst ein, diese Angst vor der Mauer, vor irgendeinem Monster, von dem Erfahrene erzählt hatten.«
In dem Moment wird wahr, was alle Läufer schildern: Müdigkeit, unendliche Mühe, die Arme und Beine zu heben, Atemlosigkeit, Angst. Aber: »Nach der verzweifelten Müdigkeit und dem vorübergehenden Zusammenbruch der Willenskraft folgt fröhliches Losgelöstsein.« Und das ist weit mehr als nur ein profaner Stimmungswandel.

Die letzten Meter

Manche treibt nur noch ein Scheißegal-nur-ins-Ziel-Gefühl voran. Manche spurten. Manche kämpfen verbissen. Alle jubeln. Exzessiv. Oder auch einfach ganz still.
»Gleich ist geschafft, was du dir vorgenommen, wofür du monatelang trainiert hast. Da war anfangs Übermut. Und der Mut, den Marathon anzugehen. Dann war da Demut, Schmerz und die quälende Frage: Warum diese Schinderei? Jetzt findest du in dir die Antwort. Auf diesen letzten Schritten vor dem Ziel.
Geschafft. Du bist geschafft. Du hast geschafft, was du wolltest. Es war schwer, sauschwer. Die Verlockung, einfach aufzugeben, war groß. Du

warst klein, aber doch noch ein biss-chen größer als deine Schwäche. Du könntest weinen in diesem ganz be-sonderen Moment – und du tust es auch. Die Versagensangst, die sich auf-gestaut hatte, die Schmerzen, die sich mitschleppten, die Zweifel – all das löst sich auf den letzten Metern vor dem Ziel auf. Statt Beschwerden fühlst du plötzlich eine ganz große Befreiung.«

Im Ziel

Geschafft. Vielleicht lächelst du, eben-so wie ein paar tausend andere auch, die ebenfalls ins Ziel kommen, die Mauer und 42 195 Meter hinter sich. Vielleicht lächelst du ein bisschen ge-peinigt, ein bisschen sehr gepeinigt. Sicher aber gelöst. Und stolz.

Du hattest starke Gefühle: weit oben zu sein – und nach unten, ganz unten zu fallen. Und doch wieder nach oben zu gelangen. Du hast eine besondere Erfahrung gemacht: Jetzt, nachdem die Mauer überwunden ist, wirkt vieles geringer.

Er läuft – und läuft – und läuft ...

Macht Laufen süchtig? In gewissem Sinne ja: Wer einmal angefangen hat, mag auf die positiven Auswirkungen auf Körper, Geist und Seele nicht mehr verzichten.

In einer Fragebogenaktion ermittelte Prof. Dr. Alexander Weber (Univer-sität Paderborn) die Motivation von

Die Sporttasche ...

... und was alles reingehört

- ▸ Wettkampfschuhe
- ▸ Socken
- ▸ Shorts
- ▸ Tights
- ▸ T-Shirt, Trikot
- ▸ Trainingsanzug
- ▸ Stirnband, Kappe
- ▸ Herzfrequenzmesser
- ▸ Pflaster (Brustwarzen)
- ▸ Vaseline
- ▸ Sicherheitsnadeln (für die Start-nummer)
- ▸ Regenbekleidung
- ▸ Nagelschere
- ▸ Seife, Shampoo, Handtuch
- ▸ Registration Card (Wettkampf-bestätigung)
- ▸ Zeitmessungschip
- ▸ Sportbrille
- ▸ Massageöl
- ▸ Verpflegung für danach
- ▸ Kleingeld (fürs Taxi zurück zum Hotel)

Viele vollkommen erschöpfte Läufer schwören sich nach einem Marathon, nie wieder zu laufen. Die meisten brechen ihren Schwur – die Herausforderung Marathon ist einfach zu verlockend.

Joggern. Deren wichtigstes Motiv lautete »seelisches Gleichgewicht«. Biochemisch gesehen steigt beim Laufen die körpereigene Produktion von Endorphinen, dem Morphin ähn-lichen Rauschstoffen, die den Körper von Schmerzen befreien und eine Art Glückszustand erzeugen. Sie steigern Lebensfreude und Selbstwertgefühl, abhängig machen sie nicht.

Persönliche Bestands-aufnahme

▸ Welche Voraussetzungen für einen Marathonstart erfüllt sein sollten

▸ Wie viel Zeit für das Training aufgewendet werden muss

▸ Welches Ziel realistisch ist

▸ Worauf es bei der Ausrüstung ankommt: Schuhe, funktionelle Bekleidung & Co.

Bin ich wirklich
bereit?

Der Wunsch, regelmäßig zu laufen, kommt irgendwann aus dem tiefsten Inneren, aus dem Unterbewusstsein. Weil Sie intuitiv wissen, dass Sie sich hinterher gut, besser und manchmal sogar wunderbar fühlen. Und weil die regelmäßige Bewegung meist richtig Spaß macht. Laufen wird dann wieder zu einer natürlichen Sache.

Wenn das so ist, entwickelt sich auch die Vorstellung, einen Marathon zu laufen, ganz natürlich. Denn der Wunsch, eigene Grenzen zu überschreiten, ist nur konsequent: Weil Sie durchs Laufen Selbstvertrauen aufbauen. Weil Sie Zutrauen zu Ihrem Körper gewinnen.

Check-up
Wenn Sie reichlich Übergewicht haben und/oder über 30-Jahre alt sind, sollten Sie sich in jedem Fall gewissenhaft und gründlich durchchecken lassen (Belastungs-EKG, großes Blutbild), am besten von einer Sportärztin oder einem Sportarzt, die/der selbst läuft.

Eine Frage der Vorbereitung

»Kann ich wirklich einen Marathon laufen?« Ja, Sie können: Jedes Jahr nimmt die Zahl der Finisher zu. Das zeigt, dass im Prinzip fast jeder Läufer einen Marathon erfolgreich beenden kann. Wer Marathon laufen will, kann das auch – mit den richtigen Voraussetzungen:
▶ Gesunder Ehrgeiz und gesteigerter Durchhaltewillen
▶ Intensives Training
▶ Respekt vor der Herausforderung
Fragen Sie sich vor dem sportlichen Wagnis ehrlich:
▶ Laufe ich lange genug regelmäßig (über ein Jahr)?

▶ Will ich unbedingt einen Marathon laufen? Oder läuft eine Wette? Oder hat man mich nur überredet?
▶ Habe ich hinreichend Selbstdiziplin und Willenskraft, um konsequent auf ein Ziel hinzuarbeiten?
▶ Bin ich bereit, mich mit Geduld vorzubereiten?

Das Wichtigste – Ausdauer

Ausdauertraining braucht zunächst einmal Ausdauer, Marathon ist nichts für Ungeduldige. Langes Training zahlt sich aus, denn der Körper benötigt Monate und manchmal sogar Jahre für Anpassungsvorgänge und orthopädische Stabilität. Auch Eliteläufer erreichen ihren Zenit erst nach fünf Jahren Marathontraining. Nehmen Sie sich also die nötige Zeit. Dennoch ist es möglich, sich in zehn Wochen auf einen Marathon vorzubereiten:
▶ Wenn Sie schon zwei Stunden am Stück laufen können.

▸ Wenn Sie konsequent trainieren.
▸ Wenn Sie zu keiner der Risikogruppen (starker Raucher, starker Alkoholkonsum, Bluthochdruck) gehören.

Die nötige Zeit

Marathontraining ist zeitaufwändig. Die Trainingspläne für Einsteiger (siehe Seite 60f.) sehen wöchentlich wenigstens vier Trainingsläufe zwischen mindestens 30 Minuten und über einer Stunde vor. Dazu kommt am Wochenende noch ein langer Dauerlauf von zwei Stunden und mehr.
▸ Wenn Sie auf »Ankommen« laufen, sind rund 45 Trainingskilometer pro Woche nötig.
▸ Wenn Sie unter 4:00 Stunden laufen wollen, sind etwa zwischen 50 und 60 Kilometer pro Woche nötig.
▸ Wenn Sie unter 3:30 Stunden laufen wollen, benötigen Sie 65 bis 75 Trainingskilometer wöchentlich.
▸ Wenn Sie unter 3:00 Stunden laufen wollen, brauchen Sie wöchentlich etwa 85 bis 110 Trainingskilometer.
▸ Wenn Sie noch die Phase des Cooldown und das Duschen dazurechnen, kommen pro Woche acht bis zwölf Stunden fürs Training zusammen.

Setzen Sie sich ein realistisches Ziel

Natürlich können Sie sich eine Bombenzeit von unter drei Stunden vornehmen und wild dafür trainieren. Ob Sie damit durchkommen, werden Sie

dann schon sehen. Vermutlich werden Sie unterwegs wenig Spaß haben, wenn Sie einer unrealistischen Vorgabe nachrennen.
Setzen Sie sich also nicht unnötig unter Druck. Testen Sie erst Ihr wirkliches Leistungsvermögen, z. B. bei einem 10 Kilometer Rennen. Die »Steffny Formel«, nach der Sie Ihre maximal mögliche Marathonzeit hochrechnen können, lautet:

$$10\text{-km-Zeit} \times 4{,}667$$

Wenn Sie zehn Kilometer in 50 Minuten laufen, dürfte Ihre Marathonzeit unter optimalen Bedingungen auf 3:53 Stunden hinauslaufen. Wenn es Ihr Debüt ist, sollten Sie nochmals rund 25 Minuten dazurechnen.

Durch Laufen werden Sie zum Experten für Ihren Körper, der wieder ein ganz natürlicher Teil von Ihnen wird.

Was ist erreichbar?

Die Umrechnungstabelle für den Marathon

Derzeitige 10-km-Zeit	Optimal erreichbare Marathonzeit	Beim Debüt realistisch erreichbar
57:30	4:28:20	5:10:00
55:00	4:16:40	4:50:00
52:30	4:05:00	4:35:00
50:00	3:53:20	4:20:00
47:30	3:41:40	4:05:00
45:00	3:30:00	3:50:00
42:30	3:18:20	3:35:00
40:00	3:06:40	3:20:00
37:30	2:55:00	3:05:00
35:00	2:43:20	2:52:00
32:30	2:31:40	2:37:00
30:00	2:20:00	2:24:00
27:30	2:08:20	2:11:00

Die richtige
Ausrüstung

Sparen Sie nicht an der passenden Laufausrüstung. Denn: Im Vergleich zu den meisten anderen Sportarten ist Laufen ohnehin kostengünstig. Und mit funktioneller Kleidung macht das Training doppelt so viel Spaß.

Laufschuhe

Equipment
Eine falsche Ausrüstung provoziert Erkältungen, Verletzungen und Motivationsabfall.

Der Asphalt ist nunmal kein Laufsteg, und unsere Füße sind äußerst sensible Leistungsträger. Deswegen sind die Schuhe das allerwichtigste Sportgerät des Läufers. Sie verdienen bei der Auswahl und Anschaffung ganz besondere Beachtung.

Geringes Gewicht und ansprechendes Design sind schön und gut, aber untergeordnete Faktoren. Laufschuhe müssen vor allem passen. Sie sollen den Fuß beim Laufen unterstützen – also für ungestörtes Abrollverhalten sorgen.

Wie wichtig perfekte Laufschuhe sind, zeigen ein paar Zahlen: Schon bei einem 10-Kilometer-Lauf setzen die Füße rund 6500-mal mit dem zwei- bis dreifachen Körpergewicht auf. Die Belastung summiert sich auf 500 bis 750 Tonnen, die abgefedert werden müssen. Da kann eine falsche Schuhwahl fatale Folgen für die Knie, Gelenke und Achillessehnen haben.

Grundsätzlich gilt: Gutes Material ist die beste Investition, um Verletzungen vorzubeugen.

Worauf es beim Laufschuh-kauf ankommt

▶ Überlegen Sie vor dem Kauf genau, welche Anforderungen Sie vor allem an die Laufschuhe stellen. Wenn Sie häufig im Wald trainieren, zählen Stabilität und Griffigkeit. Für das Straßenlaufen brauchen Sie festere, gut gedämpfte Modelle, für den Wettkämpfer zählt das (Leicht-)Gewicht des Schuhs.

▶ Die beste Einkaufszeit ist abends. Noch besser wäre nach dem Training. Weil nach einer Belastung die Füße leicht geschwollen sind, kaufen Sie sie nicht zu eng und klein.

▶ Einen guten Verkäufer erkennen Sie auch daran, dass er nicht bei einer Marke hängen bleibt. Er berät, nachdem er Ihr Gewicht, eventuelle Beschwerden, Lauftempo, -häufigkeit und -umfang kennt. Ideal wäre es, wenn der Verkäufer selbst läuft.

▶ Probieren Sie verschiedene Modelle. Es reicht nicht, bloß ein bisschen im Laden zu trippeln. Lassen Sie sich Zeit für Ihre Entscheidung. Shops mit Laufband bzw. Laufstilanalysegerät helfen, optimales Material zu finden.

▶ Achten Sie auf die Passform. Es gibt Modelle mit schmalen (»Ladies Version«) und breiten Leisten. Der Leisten muss auf Ihren Fuß abgestimmt sein.

▶ Die Zehen sollten etwa eine Daumenbreite Platz haben (bei der Abstoßbewegung rutschen Sie einen Zentimeter nach vorne). Bei der Anprobe sollten Sie Ihre üblichen Socken tragen.

▶ Die Ferse muss vom Schuh eng umfasst werden (Sie dürfen im Schuh nicht hin und her rutschen).

▶ Lassen Sie sich nicht vom Preis oder Styling leiten. Die teuersten oder leichtesten Schuhe oder die von einem Spitzenläufer sind nicht automatisch für Sie optimal. Ebenfalls wichtig sind Reflektoren.

▶ Laufschuhtests aus Spezialmagazinen können eine Kaufhilfe sein. Bewerten Sie die Testergebisse aber bitte nicht über.

Sie sollten sich mehrere Modelle zulegen, mit denen Sie abwechselnd laufen. Weil jeder Schuh seine eigene Charakteristik hat, werden auch Bandscheiben, Gelenke und Sehnen nicht immer gleich belastet. Mit verschiedenen Modellen können Sie außerdem Ihr Training besser abstimmen:

▶ Schuhe mit griffigem Profil und robustem Oberleder eignen sich für das Laufen auf schwerem Gelände wie Waldboden, nassem Gras und Schnee.

▶ Schuhe mit guter Dämpfung werden für Asphalt und geschotterte Wege gebraucht.

▶ Leichtere Schuhe sind notwendig für schnelle Trainingseinheiten und für den Wettkampf.

Sie sollten sich mehrere unterschiedliche Modelle zulegen, mit denen Sie abwechselnd laufen. Wenn die Schuhe zwischen den Läufen austrocknen können, erhöht das nicht nur die Lebensdauer der Schuhe.

Läufers wichtigstes »Hand«-Werkzeug: der Laufschuh. Passt er nicht perfekt, wird aus dem Vergnügen schnell ein Alptraum.

Schietwetter? Zu kalt, zu heiß, zu windig, zu regnerisch? Solche Einwände gelten nicht – nicht mehr. Es gibt kein schlechtes Wetter, nur schlecht gewählte Kleidung.

Die Haltbarkeit der Laufschuhe hängt vor allem von Ihrem individuellen Gewicht, Ihrem Laufstil und auch von dem Untergrund ab, auf dem Sie trainieren. Ein guter Trainingsschuh sollte mindestens 1200 Kilometer halten, aber schon nach 500 Kilometern kann bis zu einem Drittel der Dämpfungseigenschaften des Schuhs dahin sein. Schwachpunkt ist die Zwischensohle, die meist am schnellsten verschleißt.

Funktionelle Bekleidung

Vom Wetter müssen Sie Ihr Lauftraining nicht mehr abhängig machen, denn die Sportartikelhersteller haben längst Funktionelles für alle Fälle entwickelt: Bekleidung, die bei Kälte hilft, die Körperwärme zu speichern,

und Kleidung, die bei Hitze hilft, den Schweiß rasch nach außen abzutransportieren. Keiner muss also mehr im eigenen Schweiß schmoren oder frieren. Prinzipiell sollten Sie Folgendes beachten:

Das Zweitwichtigste – die Socken

Schlecht sitzende, Falten schlagende, feuchte Laufsocken können für den Läufer zum Alptraum werden: Sie verursachen schmerzhafte Blasen. Um dies zu verhindern, haben Langstreckenläufer früher zwei Paar Socken getragen. Heute greifen Sie besser zu Socken aus Kunstfasern oder auch aus Baumwolle-Kunstfaser-Gemischen. Achten Sie beim Kauf von Laufsocken insbesondere darauf, dass die Socken eine gute Passform, hohen Tragekomfort und keine Naht über den Zehen haben.

Das Drunter und Drüber

Damit sich der Körper des Menschen auch bei großer Kraftanstrengung nicht überhitzt und die Betriebstemperatur nicht zu stark ansteigt, gibt der Organismus überschüssige Wärme gemeinsam mit Wasser schnell nach außen ab: Der Mensch schwitzt. Der Schweiß verdunstet auf der Haut und erzeugt Verdunstungskälte, die den Körper abkühlt.

Tipps für die Bekleidung

▶ Atmungsaktive, strapazierfähige, pflegeleichte Textilien wählen.

▶ Laufbekleidung tragen, in der Sie sich wohl fühlen. Besonders unter den Achseln und in der Leiste sollte nichts zu eng sein, damit es beim Laufen nirgendwo reibt oder drückt.

▶ Auf Straßen helle Kleidung und bei Dunkelheit eine Leuchtweste tragen.

▶ Bei kühleren Temperaturen das »Zwiebelprinzip« beherzigen: auf der Haut Textilien aus schweißableitenden Kunstfasern, darüber eine weitere dünne Schicht Kunstfasern und eine atmungsaktive Jacke.

▶ Nasse Kleidung sofort nach dem Laufen ausziehen, sonst können Sie sich leicht erkälten.

Damit die Kleidung diesen Wasserdampf an die Umwelt abgeben kann, darf sie die Feuchtigkeit nicht speichern. T-Shirts aus Baumwolle sind den neuen Kunstfasern dabei weit unterlegen, sie speichern 20-mal mehr Schweiß.

Zum Laufen sollten Sie also lieber atmungsaktive Shirts aus synthetischen Fasern tragen. Auch Shorts und eng anliegende lange Hosen (Tights) sollten aus Kunstfaser sein, damit sie nicht scheuern. Bei kaltem Wetter schützen lange Ärmel den Körper vor dem Auskühlen.

Bei jedem Wetter

Wer das ganze Jahr über laufen will, braucht eine bestimmte Grundausstattung an Kleidung. Während bei trockenem, warmem Wetter Tights und T-Shirt ausreichen, brauchen Sie bei kühlem und feuchtem Wetter wind- und regendichte Hosen, langärmelige T-Shirts und eine funktionelle Jacke. Bei nassem Wetter sollte es eine atmungsaktive Windjacke sein, die nicht zu weit geschnitten ist.

Kühlen Kopf bewahren

Da man bis zu 40 Prozent der Körperwärme über Kopf und Hals verlieren kann, sollten Sie in der kälteren Jahreshälfte beim Laufen eine Kappe oder eine Mütze tragen. Ist Ihnen das zu warm, sollten Sie wenigstens zum Stirnband greifen. Es verhindert, dass

Schweiß in die Augen läuft, wärmt Stirn und Ohren und beugt so Stirnhöhlen- sowie Ohrenentzündungen vor. An heißen Tagen kühlt das Stirnband, wenn Sie es leicht anfeuchten.

Handschuhe

Normalerweise sind beim Laufen die Extremitäten gut durchblutet. Wenn jedoch die Temperaturen unter 5 °C fallen, werden Hände und Finger steif, die Kälte zieht bis in die Ellbogen. Gegen dieses Frösteln helfen dünne Baumwollhandschuhe oder Handschuhe aus Wolle: Sie speichern die Körperwärme.

Die Schuhe geschnürt – und schon läuft es sich bei jedem Wetter. Funktionalität lässt sich heute mit modisch schicker Kleidung bestens vereinbaren.

Marathon-training

▶ Wie sich der Körper an das Training anpasst

▶ Sinnvolle Trainingsreize

▶ Welche Rolle die Langsamkeit spielt

▶ Wie der Energiestoffwechsel funktioniert

▶ Richtige Trainingssteuerung

▶ Die Formen des Lauftrainings

Wissens-
grundlagen

»Je härter, desto besser« ist kein Motto für ein erfolgreiches Marathon-training. Wer nämlich wild drauflos trainiert, wird bald an seine biologischen Grenzen stoßen. Wer hingegen gut informiert ist und mitdenkt, kann das Marathontraining besser verstehen und steuern.

Da wir den Motor unseres Autos besser als unseren eigenen Körper kennen, müssen wir uns im folgenden Kapitel ein wenig mit Biologie, Physiologie und Biochemie beschäftigen, zur Vertiefung und zum besseren Verständnis vieler Trainings-, Regenerations- und Ernährungsempfehlungen.

Anpassung

Locker formuliert könnte der Körper nach einem ungewohnt langen Lauf sagen: »So etwas ist mir noch nie passiert, dass mir der Sprit ausging, ich will mich verbessern, aber ich brauche dafür ein wenig Zeit!«

Grundlagen – die Biologie des Laufens

Biologische Systeme benötigen zu ihrer Erhaltung im Gegensatz zu technischen Geräten einen entsprechenden (Trainings-)Reiz: Ein Gelenk muss durch Bewegung geschmiert werden, ein Muskel muss ständig bewegt werden, sonst baut er schnell ab. Training besteht aus ständiger Belastung und Entlastung unterschiedlicher biologischer Systeme, die auf den Trainingsreiz mit einer Erhaltung, Anpassung und Verbesserung von Funktionen und Strukturen auf zellulärer Ebene antworten. Jede Belastung muss dabei in einen ausreichenden Erholungsprozess ein-

gebettet sein, denn Änderungen brauchen Zeit.

Die Trainingseffizienz und die Qualität des Trainings hängen also nicht nur von der Intensität, der Häufigkeit und dem Umfang eines Trainingsreizes ab, sondern entscheidend ist ebenfalls die Art und zeitliche Dauer der Regenerationsmaßnahmen, die vor und nach dem Training erfolgen. In der Balance von Belastung und Erholung des Organismus liegt die eigentliche Kunst, gute und individuelle Trainingspläne zu schreiben.

Biologische Adaptation

Das Modell der biologischen Adaptation (auch Superkompensation genannt) beschreibt die zeitliche Abfolge der Reaktionen unseres Körpers auf den Trainingsreiz. Ein Trainingsreiz muss überschwellig sein, also beim betreffenden System eine »Alarmreaktion« auslösen. Dies kann durch die Erschöpfung von Energiereserven, durch den Verbrauch von Enzymen oder durch die Zerstörung von Strukturen wie beispielsweise Zellmembranen oder Muskelfasern geschehen.

Die Anpassungsphase

Nach einer Phase der Erschöpfung beginnt in der Kompensationsphase der Reparaturbetrieb des Organismus: Die ladierten Systeme werden verbessert. Das kann eine Vergrößerung des Glykogendepots, eine effizientere oder vermehrte Enzymausstattung oder auch einen Umbau in den Muskelfasern bedeuten. Je nachdem wie hart oder ungewohnt ein Reiz war, dauert diese Anpassung länger oder kürzer. Der gewünschte Trainingseffekt ist die Verbesserung des Ausgangsniveaus (Superkompensation).

Reizhöhe und Reizdichte

Ein Athlet mit einer guten Grundlagenausdauer wird intensivere Reize schneller wegstecken, weil bei ihm z. B. durch die vielen Kapillaren (kleinste Blutgefäße) mehr Blut in den Muskel fließt.

War der Reiz zu hart, dauert die Anpassung sehr lange, weil zu viel Schaden angerichtet wurde. Eine leichte Spannung in den Muskeln ist ein Zeichen richtig dosierten Trainings, starker Muskelkater bedeutet Überlastung. Erfolgt innerhalb eines bestimmten Zeitraums kein ähnlich starker Reiz, geht die verbesserte Anpassung wieder verloren, das System schwingt auf

das Ausgangsniveau zurück. Werden ähnlich gelagerte starke Reize in einem optimalen Abstand, nicht zu früh und nicht zu spät, gesetzt, so ist der Leistungszuwachs optimal. Werden dieselben starken Reize zu dicht gesetzt, kommt der Körper mit der Reparatur und Anpassung nicht nach. Man ist übertrainiert. Dieser Fehler kommt häufig vor.

Wie lange es dauert, bis ein Reiz verdaut ist, hängt von folgenden Faktoren ab:

▶ Reizstärke und Dauer
▶ Regenerationsmaßnahmen
▶ Genetische Konstitution

Nach einem Trainingsreiz verbessert sich die Leistungsfähigkeit. Bleibt weiteres Training aus, sinkt sie auf das Ausgangsniveau. Hat der Körper Zeit, die Reize zu verarbeiten, steigt das Leistungsniveau. Wird zu viel reingepackt, ist man übertrainiert.

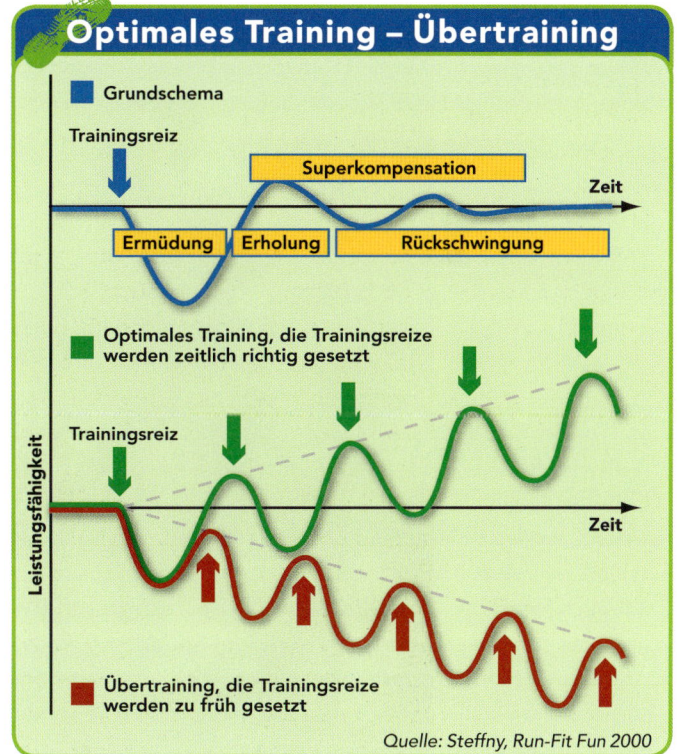

Optimales Training – Übertraining

■ Grundschema

Trainingsreiz

Superkompensation

Zeit

Ermüdung — Erholung — Rückschwingung

■ Optimales Training, die Trainingsreize werden zeitlich richtig gesetzt

Trainingsreiz

Leistungsfähigkeit

Zeit

■ Übertraining, die Trainingsreize werden zu früh gesetzt

Quelle: Steffny, Run-Fit Fun 2000

▶ Trainingszustand
▶ Welches System gefordert wurde

Ein Intervalltraining beansprucht z. B. den anaeroben Kohlenhydratstoffwechsel, ein langer, ruhiger Dauerlauf hingegen verbessert den Fettstoffwechsel. Das Glykogendepot braucht bis zu drei Tagen zur Auffüllung, der Wasserhaushalt ist in Stunden ausgeglichen. Die längste Anpassungszeit braucht der Bewegungsapparat, und auch er reagiert unterschiedlich: Gut durchblutete Muskeln passen sich schneller an als die schlecht durchbluteten Sehnenansätze. Man muss also im Trainingsprozess immer auf das langsamste Glied warten. Es ist somit

sinnvoll, nach zwei bis drei Wochen Trainingssteigerung eine ruhigere Zwischenwoche einzulegen.

Die Kraft der Langsamkeit

Trainieren Sie möglichst variabel. Während sich ein System gerade erholt, wird überlappend ein anderes gereizt. Zwischentage mit langsamem Regenerationsjogging bedeuten Luxusdurchblutung ohne Stress und damit aktive Erholung! Ein weit verbreiteter Fehler ist es, die regenerativen Läufe zu schnell zu laufen. Der Athlet glaubt zwar, mehr Qualität in sein Training gebracht zu haben, in Wirklichkeit hat er die Erholung seines Körpers unnötig verzögert und damit das Training verschlechtert.

Einen Anhaltspunkt für die Dauer bis zur nächsten harten Belastung nach Wettkämpfen gibt die »Foster-Regel«. Der neuseeländische Marathonläufer Jack Foster wurde 1974 bei den Commonwealth-Spielen im Alter von 41 Jahren in 2:11:19 Stunden Zweiter! Er rät, so viele Tage nach harten Wettkämpfen kein intensives Tempotraining oder Wettkämpfe zu laufen, wie der Wettkampf in Meilen lang ist. Nach einem 10-Kilometer-Rennen sollte man also sechs Tage und nach einem Halbmarathon 13 Tage eher ruhige Dauerläufe einplanen. Klingt einfach, aber: Gegen diese Regel wird häufig verstoßen!

Solange die Beine stark verspannt sind oder sogar schmerzen, sollte kein Tempotraining durchgeführt werden.

Laufen für die Psyche: Ruhiges Laufen im Grundlagenausdauerbereich ist nicht nur Voraussetzung für wirklich gute Leistungen, es bringt auch Körper und Geist in Einklang.

Der **Energie- stoffwechsel**

Grundlegende Kenntnisse zum Energiestoffwechsel tragen zum Verständnis der Trainings- und Ernährungslehre bei, denn wer als Marathonläufer den Fettstoffwechsel nicht richtig trainiert hat, auf den wartet jenseits der 30 Kilometer die »Mauer« oder der »Mann mit dem Hammer«.

Der Vorteil unseres Körpers gegenüber einem Auto besteht darin, dass er neben zwei Energiesystemen für kurzfristige, schnellkräftige Leistungen (ATP und Kreatinphosphat) zwei weitere »Sprittanks« für Ausdauersport besitzt:

▶ Das Fettdepot, ein relativ leichter, aber riesiger Energiespeicher, der für wenigstens 20 Marathons ausreichen würde

▶ Die Kohlenhydrate, deren Vorräte im so genannten Glykogendepot in Leber und Muskulatur nur begrenzt gespeichert sind

Ein Marathonläufer könnte mit Glykogen allein nur etwa 90 Minuten laufen. Fette werden, da sie in ausreichender Menge vorhanden sind, wie Diesel als Dauerbrennstoff bei geringen bis mittleren Intensitäten eingesetzt. Glykogen hingegen ist »Superkraftstoff«, der fürs Gas geben, also insbesondere für mittlere bis hohe Intensität reserviert bleibt. Die Glykogenvorräte sind mit rund 600 Gramm bei Ausdauertrainierten gegenüber einer Normalperson fast verdoppelt.

Marathonläufer müssen also neben einem großen Glykogentank auch über einen gut trainierten Fettstoffwechsel verfügen. Pro eingesetztem Sauerstoff liefern Kohlenhydrate aber mehr Energie als Fette. Das ist der Grund, warum der Körper bei höherem Tempo, wenn die Atmung an ihre Grenzen stößt, vermehrt Kohlenhydrate einsetzen muss. Aus Proteinen (Eiweißen) werden überwiegend Körperstrukturen aufgebaut. Auf einem Nebenweg kann, wenn die Kohlenhydrate zu Ende gehen, aus Proteinen aber auch Glukose, die Gehirnnahrung, erzeugt werden (Glukoneogenese).

Fettstoffwechsel

Die Fettreserven sind nicht nur im Unterhautfettgewebe und innen im Bauchraum gespeichert. Vor allem bei Langstreckenläufern stehen in den Muskelzellen Lipidtröpfchen als schnell verfügbare funktionelle Fette bereit. Der Fettabbau (Lipolyse) erfolgt durch Aufspaltung in Glyzerin

Biochemisches
ATP oder Adenosintriphosphat ist eine enorm energiereiche Verbindung, die im Stoffwechsel zum energieärmeren ADP umgebaut wird. Bei längeren Belastungen wird das ATP im Energiestoffwechsel durch Fett- und Kohlenhydratabbau neu hergestellt.

und Fettsäuren, die mit Sauerstoff in den Kraftwerken der Zellen (den so genannten Mitochondrien) zur Energiegewinnung oxidiert werden (Beta-Oxidation). Das körpereigene Karnitin fördert dabei die Einschleusung der Fettsäuren in die Mitochondrien. Bei mehrstündigen Belastungen kann der Energiebedarf bis zu 90 Prozent aus dem Fettabbau gedeckt werden. Dies unterstreicht die Bedeutung der ruhigen Dauerläufe (Fettstoffwechseltraining) für Marathonläufer.

Bei einer höheren muskulären Übersäuerung (d.h. bei Blutlaktatwerten über vier Millimol pro Liter als biochemische Maßeinheit) wird der Fettabbau gehemmt. Leider trainieren viele Freizeitsportler mit dem Ziel Marathon oder sogar Gewichtsreduktion in dieser dafür vollkommen unwirksamen Belastung. Bei hoher Intensität verbraucht man zwar mehr Kalorien, aber die falschen. Es geht nicht an die Fettpolster, sondern an die Kohlenhydratvorräte, die hinterher schnell wieder aufgefüllt werden. Wer also den Fettstoffwechsel trainieren will, muss langsam und länger trainieren!

> Mol ist die biochemische Basiseinheit, in der Stoffmengen gemessen werden.

Kohlenhydrat- und Laktatstoffwechsel

Ruhiger Dauerlauf entwickelt die Grundlagenausdauer, die Energie wird zum größten Teil durch Fettabbau geliefert, während beim schnellen Inter-

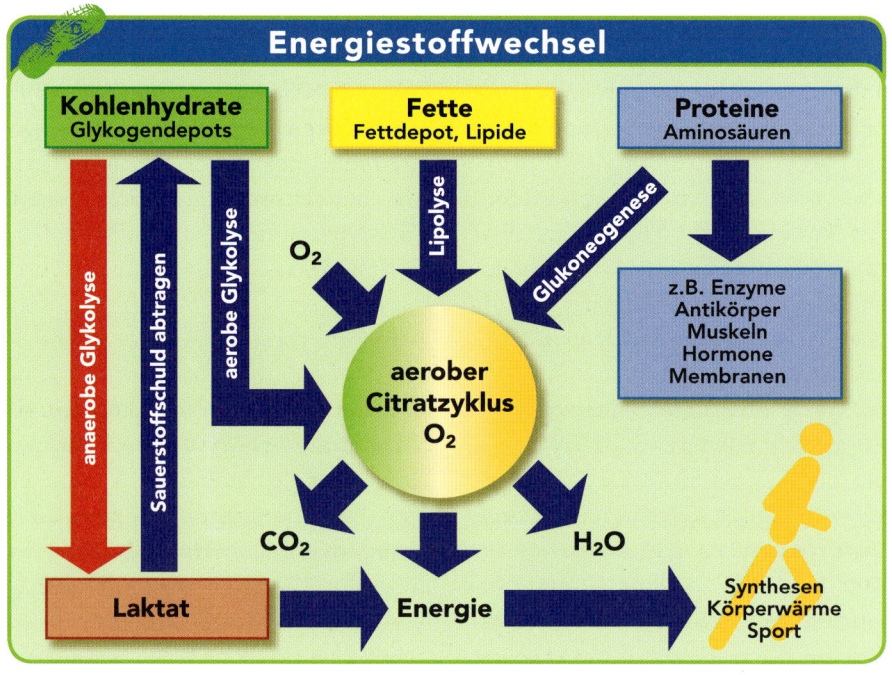

Energiestoffwechsel

Kohlenhydrate
Glykogendepots

Fette
Fettdepot, Lipide

Proteine
Aminosäuren

anaerobe Glykolyse

Sauerstoffschuld abtragen

aerobe Glykolyse

O_2

Lipolyse

Glukoneogenese

z.B. Enzyme
Antikörper
Muskeln
Hormone
Membranen

aerober
Citratzyklus
O_2

CO_2

H_2O

Laktat

Energie

Synthesen
Körperwärme
Sport

valltraining der Kohlenhydratabbau (Glykolyse) dominiert und die wettkampfspezifische Tempohärte trainiert wird. Je nach Tempo werden unterschiedliche Stoffwechselsysteme und organische Qualitäten entwickelt.

Aerob – anaerob

Aus Fetten und Kohlenhydraten wird hauptsächlich mit Sauerstoff Energie gewonnen. Diese Art der Energiegewinnung nennt man aerob. Dabei entstehen als Abbauprodukte Kohlendioxid (CO_2) und Stoffwechselwasser (H_2O). Über den anaeroben Kohlenhydratstoffwechsel, bei dem das Zwischenprodukt Milchsäure (Laktat) entsteht, kann im Zellplasma auch ohne Sauerstoff aus Kohlenhydraten noch zusätzlich Energie für einen kurzfristigen Spurt erzeugt werden. Eine hohe Milchsäureanhäufung führt aber nach ein bis zwei Minuten zum Leistungsabbruch.

Marathonläufer versuchen, während des Rennens gar nicht erst zu übersäuern, ihre Blutlaktatkonzentration bleibt deutlich unterhalb vier Millimol pro Liter, der so genannten anaeroben Schwelle.

10 000-Meter-Läufer laufen im Wettkampf mit sechs bis sieben Millimol pro Liter etwas über der anaeroben Schwelle, und 400-Meter-Läufer erreichen kurzfristig sogar 25 Millimol pro Liter Laktat. Man könnte überspitzt formulieren, dass Mittelstreckler versuchen, trotz einer Stoffwechselver-

giftung noch weiter zu laufen, während Langstreckler hohe Laktatwerte vermeiden. Geringere Laktatmengen (zwischen 0,7 und 2,0 Millimol pro Liter) entstehen auch bei ruhigem Dauerlauf. Diese niedrigeren Milchsäuremengen werden aber in Leber, Nieren und nicht beanspruchter Muskulatur ständig wieder abgebaut.

Training und Energiestoffwechsel

Die Art und der Anteil der Energiebereitstellung bei einer sportlichen Belastung ist demnach weitgehend abhängig von der Leistungsintensität und trainierbar.

▶ Ein Mittelstreckenläufer wird etwa die Hälfte seines Trainings im anaeroben Bereich (Laktattoleranztraining) durchführen.

▶ Ein Marathonläufer muss den weitaus größten Teil seiner gelaufenen Kilometer im ruhigen Dauerlauftempo (Fettstoffwechsel und aerober Kohlenhydratabbau) durchführen. Dadurch verbessert er seine aerobe Leistungsfähigkeit.

▶ Schlecht vorbereitete oder zu schnell beginnende Marathonläufer haben vorzeitig im Rennen ihr Glykogendepot verbraucht. Der Fettstoffwechsel wurde mangels langer Läufe oder zu schnellem Trainingstempo nur unzureichend trainiert. Um Kilometer 30 geht ihnen der Sprit aus – sie laufen in die »Mauer«, hier wartet der »Mann mit dem Hammer«.

Langer Atem
Marathonläufer brauchen Geduld! Es dauert mehrere Jahren, ehe die orthopädische Stabilität, der Fettstoffwechsel und die Kapillarisierung (Ausbildung von kleinsten Blutgefäßen) maximal ausgeprägt ist.

Im Gegensatz zum Ausdauersport Laufen trainieren Kraft- und Sprinttraining vorwiegend die Muskeln und weniger das Herz-Kreislauf-System.

Muskelfasertypen – Sprinter oder Marathonläufer?

Es gibt schnell kontrahierende Muskelfasern, die FT-Fasern (»fast twitch fibers«), und solche Muskelfasern, die sich langsamer zusammenziehen, die ST-Fasern (»slow twitch fibers«). Die Verteilung dieser Fasern ist bei jedem Menschen genetisch festgelegt. Sie lässt sich durch Training kaum ändern. Während Normalpersonen von beiden Muskelfasertypen etwa gleich viel besitzen, haben Weltklassemarathonläufer um 80 und mehr Prozent ST-Fasern, deren Stoffwechsel und Eigenschaften

Wer so läuft, dass er sich noch locker unterhalten kann, ist im richtigen Bereich für einen Dauerlauf.

für aerobe Ausdauerleistungen wie geschaffen sind. Selbst durch intensivstes Training könnten diese Läufer nicht mehr zu Elitesprintern werden. Manche Menschen sind also zum Sprinter, andere wiederum zum Langstreckenläufer geboren.

Die ST-Fasern lassen sich aufpeppen

Eine günstige Ausstattung der ST-Fasern kann jedoch durch Training noch weiter verbessert werden. Ausdauertrainierte weisen eine ca. 40 Prozent höhere Kapillarisierung (Ausbildung kleinster Blutgefäße) auf als Untrainierte, was eine erheblich verbesserte Durchblutung des Körpers mit sich bringt. Im Lauf des Ausdauertrainings können die Muskelfasern ihren aeroben Enzymbestand, das Glykogendepot und die funktionellen Fettreserven in der Muskelzelle verdoppeln. Die Zahl der Mitochondrien, in denen der aerobe Energiestoffwechsel abläuft, ist erhöht.

Intensives anaerobes Training würde diese aeroben Anpassungen wieder rückgängig machen. Das ist der Grund, warum im Marathontraining zu hohe Intensitäten (Laktatwert von über sieben Millimol pro Liter) das aerobe Leistungsvermögen des Läufers verschlechtern. Marathon- und Bahntraining für kurze Distanzen wie 5000-Meter-Lauf und 10 000-Meter-Lauf gleichzeitig vertragen sich meist nicht wirklich gut!

Trainings-
steuerung

**Für die optimale Trainingsqualität ist die richtige Intensität von entscheiden-
der Bedeutung. Leider ist vielen, vor allem den Späteinsteigern, das rechte
Maß verloren gegangen: Sie trainieren meist zu hart und gleichförmig. Ihnen
fehlt das gute Körpergefühl der Kenianer, die schon in frühester Kindheit regelmäßig auf den Beinen sind.**

Denen gibt ihr Organismus das Opti-
mum vor. Die richtige Belastung und
der derzeitige Leistungsstand lassen
sich aus Trainings- und Wettkampfre-
sultaten oder über Tests mit Messung
der Herzfrequenz oder Laktatkonzentration im Blut ermitteln.

»Je schneller ich laufe, desto besser
werde ich!« Diese Annahme ist so falsch
wie weit verbreitet. Wer schneller läuft,
übersäuert. Es entsteht im Muskel die
schon erwähnte Milchsäure (Laktat),
die den Muskel hemmt und bei hohen
Werten sogar schädigen kann. Diese
anaerobe Schwelle ist auch dort weit
überschritten, wo stilistisch lockeres,
flottes Laufen in verkrampftes Abhet-
zen mit überschlagender, hastiger Atmung übergeht.

Pulsmessung

Am genauesten und bequemsten steu-
ert man die Belastung beim Training mit
den modernen Herzfrequenz-Compu-
tern mit Brustgurt nach EKG-Methode.

Die einfachsten Geräte kosten heute
weniger als ein Paar Laufschuhe. Man
kann eine Pulsober- und -untergren-
ze einstellen, vor deren Überschrei-
tung ein Signalton warnt. Topmodelle
dieser modernen Pulsuhren können
darüber hinaus die Pulsfrequenzen
während des Laufens speichern, die
man mit einem Computer auswerten,
archivieren, grafisch darstellen und
vergleichen kann.

Ein Herzfrequenzmes-
ser hilft nach indivi-
dueller Einjustierung
bei der optimalen
Trainingsdosierung.

Ruhepuls

Ein über Wochen und Monate im Trainingsprozess abnehmender Ruhepuls ist ein Zeichen für ansteigende Form. Er wird morgens vor dem Aufstehen im Bett gemessen. Ein plötzlich erhöhter Wert kann auf harte Belastung, Übertraining, eine mögliche Erkrankung, zu wenig Schlaf oder alkoholische Sünden am Vorabend hinweisen. Durchschnittsbürger haben zwischen 60 und 70 Schläge, trainierte Ausdauersportler 40 bis 50 Schläge pro Minute und darunter.

Belastungs- und Erholungspuls

Vergleicht man in regelmäßigen Abständen die Herzfrequenz bei ähnlicher Belastung und die Erholungswerte in Minutenabständen danach, so kann man Fortschritte sehr gut dokumentieren. Je besser der Trainingszustand, desto schneller fällt der Puls ab. Auch die Trainings- und Wettkampfgeschwindigkeit selbst lässt sich nach der Herzfrequenz kontrollieren. Im Alter wird man ruhiger, das gilt auch für das Herz. Fitnessläufer können mit der Herzfrequenz sehr einfach die richtige altersabhängige Trainingsdosierung kontrollieren.

Eine optimale Belastung erhalten Sie nach der simplen Formel: Trainingspulsfrequenz ist 180 minus Lebensalter plus/minus 10 Schläge. Ein 40-Jähriger sollte also mit 130 bis 150 Schlägen

Nichts riskieren
Um den Maximalpuls individuell ermitteln zu können, sollte man kerngesund sein! Erfahrene Wettkampfläufer können ihn auch bei einem 5- oder 10-km-Rennen nach dem Zielspurt ablesen.

pro Minute laufen. Diese Formel kann einen ersten Anhaltswert liefern.

Maximalpuls

Der Maximalpuls ist die Frequenz, die bei voller Belastung erreicht wird. Er ist eine wichtige Bezugsgröße zur Trainingssteuerung. Man kann ihn nach der Formel 220 minus Lebensalter zwar grob abschätzen, genauer ist es aber, den Maximalpuls individuell zu ermitteln. Hierzu läuft man sich zunächst warm, danach läuft man zwei Kilometer recht schnell und spurtet die letzten 400 Meter in höchstmöglichem Tempo. Der Pulsmesser sollte jetzt den Maximalpuls anzeigen. Wirksames Ausdauertraining liegt bei etwa 65 bis 85 Prozent des Maximalpulses. Das ist der Bereich, in dem man aerob, also ohne Sauerstoffschuld bei geringen Milchsäurewerten vorwiegend im Fettstoffwechsel trainiert. Ein 40-Jähriger hätte nach der Formel einen Maximalpuls von rund 180 Schlägen (220–40). 65 bis 85 Prozent davon ergäben einen Trainingsbereich von 117 bis 153 Schlägen, in dem auch Marathonläufer den größten Teil ihres Trainings absolvieren sollten.

Laktatmessung

Ein weiteres, sich mit der Herzfrequenzkontrolle gut ergänzendes Messverfahren ist die direkte Ermittlung der Milchsäure-, d. h. Laktatkonzentration im Blut. Dazu wird das Training oder der Testlauf kurz unterbrochen, um aus dem Ohrläppchen oder der Fingerkuppe des Sportlers ein Tröpfchen Blut zu entnehmen. Milchsäure entsteht in größeren Mengen bei höherer Laufgeschwindigkeit, wenn die Muskulatur über Lunge und Kreislauf nicht mehr genügend Sauerstoff zur Deckung des Energiebedarfs erhält. Als kurzfristige Notlösung (Flucht, Endspurt) kann auf diesem Stoffwechselnebenweg (anaerobe Glykolyse) allerdings noch etwas zusätzliche Energie erzeugt werden. Für das Marathontraining spielt das nur eine untergeordnete Rolle. Eine stärkere Übersäuerung der Muskulatur sollte sogar möglichst vermieden wer-

den. Ein 10-Kilometer-Läufer hängt zu 90 Prozent, ein Marathonläufer sogar zu 95 Prozent von der aeroben Energieversorgung ab, daher sind bei ihnen die für die Sauerstoffversorgung so wichtigen Organe Herz und Lunge sowie das Kreislaufsystem im Gegensatz zum Sprinter auch gut ausgebildet. Der ruhige Dauerlauf ist also die Haupttrainingskomponente.

Die Herzfrequenz- und Laktatleistungskurve

Während die Herzfrequenz mit der Laufgeschwindigkeit bis zur anaeroben Schwelle linear ansteigt, zeigt die Laktatleistungskurve einen exponen-

Eine Leistungsdiagnostik sollten Sie nur von erfahrenen Sportmedizinern durchführen lassen, da die Interpretation der Werte nicht immer ganz einfach ist.

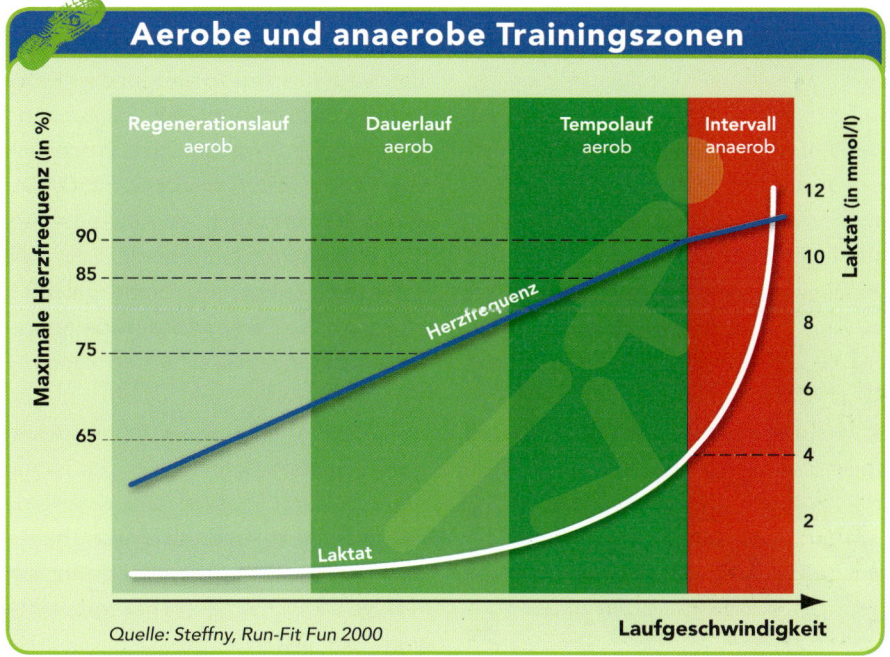

Aerobe und anaerobe Trainingszonen

| Regenerationslauf aerob | Dauerlauf aerob | Tempolauf aerob | Intervall anaerob |

Maximale Herzfrequenz (in %) · Herzfrequenz · Laktat · Laufgeschwindigkeit · Laktat (in mmol/l)

90 · 85 · 75 · 65 · 12 · 10 · 8 · 6 · 4 · 2

Quelle: Steffny, Run-Fit Fun 2000

Die Herzfrequenz steigt linear mit der Laufgeschwindigkeit an. Die Laktatproduktion im Muskel hingegen erhöht sich erst im Bereich der anaeroben Schwelle (Blutlaktatwerte ca. vier Millimol/Liter) explosionsartig. Man läuft im »roten« Bereich.

tiellen Verlauf. Erst ab der Geschwindigkeit um die individuell anaerobe Schwelle treten schlagartig höhere Milchsäurewerte im Blut auf. Die Laktatkonzentration in diesem Bereich liegt bei ungefähr vier Millimol pro Liter Blut.

Bei höherem Tempo geht man vorübergehend eine Sauerstoffschuld ein, die nach der Belastung durch vermehrte Sauerstoffzufuhr schnell wieder verschwindet. Diese vermehrte Sauerstoffzufuhr erreicht man durch ein langsames Auslaufen, sie sorgt für den Abbau des Laktats. Für die Praxis bedeutet der unterschiedliche Kurvenverlauf, dass man das Training im aeroben Bereich sehr gut nach Herzfrequenzmessung, im Schwellenbereich und darüber oder im Krafttraining genauer nach Laktatmessung dosieren kann.

Leistungsdiagnostik

Die anaerobe Schwelle kann in einem sportmedizinischen Institut auf dem Laufband oder als Feldtest im Freiland mit Laktat- und Herzfrequenzmessung ermittelt werden. Man läuft in einem Stufentest vom regenerativen Jogging bis zur fast maximalen Belastung. Hieraus ermittelt man den Pulswert und die Geschwindigkeit der anaeroben Schwelle, die bei vier Millimol pro Liter Laktat liegt. In den folgenden Wochen kann man nach diesen Werten die Trainingsvorgaben bestimmen, bis eine neue Abgleichung stattfindet. Am besten kontrolliert man das Training mit verschiedenen Methoden. Puls-, Laktatmessung, Trainingsresultate und Wettkämpfe werden berücksichtigt. Wenn man das Training nur nach Geschwindigkeit misst, kann man sich im Höhentraining, im Winter auf Schnee oder im Sommer bei Hitze gewaltig verschätzen. Zusammen mit gelegentlicher Laktatgegenjustierung kann die Herzfrequenzmessung dazu beitragen, das verloren gegangene Körpergefühl wieder zu erlangen. Das ist ein wichtiges Trainingsziel. Das Knie kann natürlich trotz niedriger Pulsfrequenz und geringem Laktatwert schmerzen, hier nutzen uns diese Hightech-Hilfsmittel nur wenig.

Marathonläufer profitieren überwiegend vom aeroben Training. Die anaeroben Intervalleinheiten werden überschätzt und meist zu schnell gelaufen.

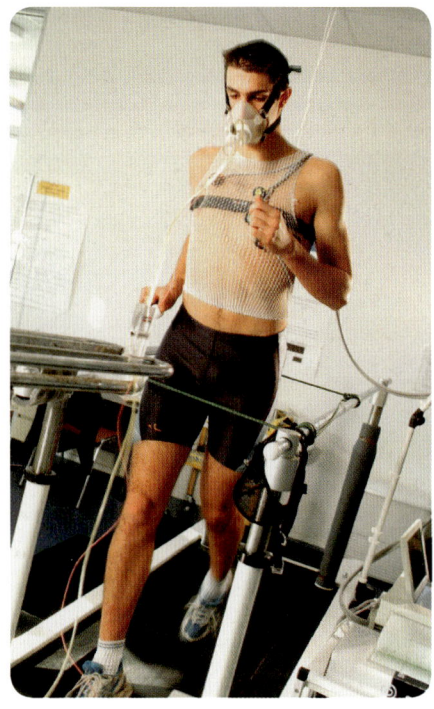

Läufer sollten eine sportmedizinische Untersuchung auf dem Laufband und nicht auf dem Fahrradergometer durchführen.

Die **Formen** des **Lauftrainings**

Es sollte abwechslungsreich laufen: Denn wenn Sie immer nur dieselbe Strecke im gleichen Tempo durchlaufen, erreichen Sie einen geringeren Trainingseffekt, als wenn Sie Ihr Training variabel gestalten. Alles zum richtigen Trainingsmix erfahren Sie hier.

Monotone Reize nämlich stumpfen den Körper ab, unterschiedliche Reize hingegen stimulieren ihn. Das Geheimnis des Erfolgs liegt demnach in der richtigen Mischung der Trainingsmittel. Je nach Trainingsziel, Leistungsklasse, Erfahrung und Umgebung stehen dem Läufer jeweils unterschiedliche Trainingsformen zur Verfügung.

Jogging, regenerativer Dauerlauf

Bei vielen Läufern ist das langsame Jogging verpönt. Ganz zu Unrecht, denn die ruhigste Form des Dauerlaufs, die bei etwa 65 Prozent des Maximalpulses liegt, ist ideal für die Regeneration nach hartem Training oder Wettkämpfen und optimal zum Warm- und Auslaufen oder bei Trabpausen zwischen Tempoläufen. Die langsame Belastung ermöglicht eine Luxusdurchblutung der Muskulatur ohne Stress und fördert so die Erholung durch Antransport von Sauerstoff und Nährstoffen und Abtransport von Milchsäure und anderen Stoffwechselendprodukten.

Regenerative Dauerläufe dauern wenigstens 30 Minuten.

Eigentlich ist uns diese unterschätzte Trainingsform auf den Leib geschneidert, denn der Urmensch war als Jäger und Sammler zum Nahrungserwerb sehr häufig stundenlang in dieser sanften Laufintensität unterwegs. Beim ruhigen Joggen wird überwiegend Fett verbrannt. Wenn hartgesottene Tempobolzer behaupten, sie bekämen Muskelkater vom langsamen Laufen, bedeutet dies nur, dass sich ihre Muskeln auf die für sie offenbar völlig neuartige Bewegung noch nicht eingestellt haben.

Normaler Dauerlauf

Der normale, ruhige Dauerlauf bei etwa 70 bis 80 Prozent der maximalen Herzfrequenz (HFmax) bildet den Hauptbestandteil des Marathontrainings. Auch Weltklasselangstreckenläufer sammeln in dieser lockeren Intensität die meisten Kilometer. Es ist der Bereich des so genannten aeroben Grundlagenausdauertrainings. Auch

Gut bei Puste
Mittelstreckler, die mit sehr hohen Laktatwerten laufen, ringen im Ziel nach Luft. Marathonläufer, die den Wettkampf im aeroben Bereich absolvieren, geben sofort nach dem Zieleinlauf ein Interview.

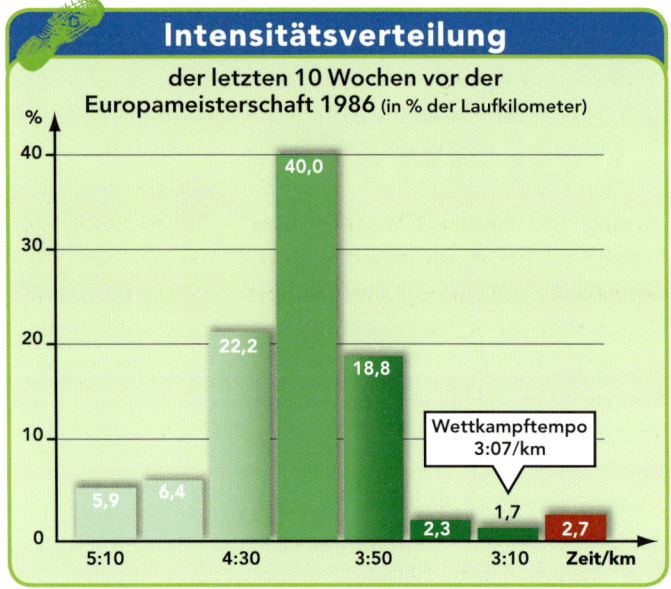

Intensitätsverteilung
der letzten 10 Wochen vor der
Europameisterschaft 1986 (in % der Laufkilometer)

Der Dauerlauf kann von 30 Minuten bis zu mehreren Stunden reichen. Robuste Marathonprofis bestreiten in diesem Tempo Überdistanzläufe bis zu 50 Kilometer.

Tempodauerlauf

Aerobe Tempodauerläufe liegen bei etwa 85 Prozent des Maximalpulses. Ihre Intensität sollte durchaus als flott, aber immer als locker und unverkrampft empfunden werden. Die Läufe sind je nach Form meist zwischen 5 und 20 Kilometer lang. Hinzu kommen jeweils zwei Kilometer ruhiges Ein- und Auslaufen. Beim Tempodauerlauf werden Fettstoffwechsel und Kohlenhydratstoffwechsel in einer optimalen Mischung bei nicht zu hohem orthopädischem Risiko trainiert. Eine stärkere Übersäuerung der Muskulatur wird vermieden.

Ein schnellerer Lauf im Bereich der anaeroben Schwelle um vier Millimol pro Liter Laktat bzw. rund 90 Prozent des Maximalpulses beansprucht den Kohlenhydratstoffwechsel mehr. Dieses Schwellentraining dient daher auch der Vergrößerung des Glykogendepots. Die Gefahr des Überziehens ist aber groß, weil ein nur geringfügig zu schnelles Tempo bereits eine stärkere Übersäuerung hervorrufen kann. Die Regenerationszeit ist danach unnötig verlängert.

Übrigens: Wer harte und lange Läufe im Training allein schafft, ist im Wettkampf mental stärker!

Herbert Steffny gewann 1986 bei der Europameisterschaft die Bronzemedaille. Bei etwa 180 Kilometern pro Woche lief er nur 4,4 Prozent im Marathontempo oder schneller. Bei 4:10 min/km, also im »grünen Bereich«, wurde am meisten trainiert.

hier ist der Fettstoffwechsel die Hauptenergiequelle.

Durch ruhige Dauerläufe werden Sehnen und Knochen gefestigt und dadurch auf härtere Zeiten vorbereitet. Dauerlauf fördert die Vermehrung feinster Gefäße in den beanspruchten Organen (diesen Vorgang nennt man Kapillarisierung), was für die optimale Versorgung und Funktion der Muskulatur, der Lunge, der Haut und anderer Organe unbedingt notwendig ist. Aerobes Training vermehrt auch auf zellulärer Ebene die Zahl der Mitochondrien, der Kraftwerke der Zellen, in denen der aerobe Kohlenhydrat- und Fettstoffwechsel abläuft.

Ein Marathonläufer schont durch den optimal trainierten Fettsäureabbau seinen nur begrenzt ausreichenden Kohlenhydratvorrat (Glykogendepot).

Testläufe

Selbstverständlich werden für Fortgeschrittene auch Kontrollwettkämpfe zum Training gehören. Als Aufbaurennen und Test vor einem Marathon dient beispielsweise ein Halbmarathon. Wettkampfresultate geben einen realistischen Hinweis auf die Form des Läufers und können auf den Marathon hochgerechnet werden. Psyche und Physis werden dabei auf eine harte Generalprobe gestellt.

Intervalltraining und Wiederholungsläufe

Das Intervalltraining ist eine klassische Trainingsform, bei der z. B. das geplan-te Wettkampftempo in einzelnen Teilabschnitten mit zwischengeschalteten Pausen zurückgelegt wird. In diesen Pausen wird langsam getrabt, um die Sauerstoffversorgung der Muskeln zu gewährleisten. Anaerobes Intervalltraining wie 10-mal 400 Meter oder 5-mal 1000 Meter verbessert die Laktattoleranz, den Laufrhythmus und die Tempohärte für eine kürzere Langstrecke (5000 oder 10 000 Meter). Längere Wiederholungsläufe wie 3-mal 3000 oder 5000 Meter im Marathontempo können auf abgemessenen Strecken auf Asphalt oder im Wald durchgeführt werden. Der Anteil dieser Tempoläufe sollte im Marathontraining jedoch nicht mehr als fünf Prozent der Laufkilometer betragen.

Beim Intervalltraining kommt es vor allem darauf an, dass die Teilabschnitte nicht zu schnell gelaufen werden. Dies gilt besonders für Trainierende fortgeschritteneren Alters. Gehen Sie es ruhig langsam an!

Laufen Sie keinen Marathon ohne vorherige Aufbau- und Testrennen. Statt blind drauf los zu rennen, profitieren Sie von Ihrer taktischen Erfahrung.

Trainingsformen für den Marathon im Vergleich

Trainingsmittel	Energiebereitstellung (überwiegend)	Puls % HFmax	Laktat mmol/l
Regeneration, Jogging	Aerober Fettstoffwechsel	ca. 65	<1,5
Ruhiger Dauerlauf	Aerober Fettstoffwechsel	70–80	1,5–2,0
Tempodauerlauf	Aerober Kohlenhydrat- und Fettstoffwechsel	80–85	um 2,5
Marathontempo (maximal mögliches)	Aerober Kohlenhydrat- und Fettstoffwechsel	85–87	um 3,0
Schwellentraining	Anaerober Kohlenhydrat- stoffwechsel	ca. 90	3,5–4,5
Intervalltraining	Anaerober Kohlenhydrat- stoffwechsel	> 93	>4,5

HFmax = maximale Herzfrequenz   > = größer als   < = kleiner als

Steigerungen

Steigerungen sind eine Serie von 4–6 kurzen Tempoabschnitten über 50 Meter, die in einen Dauerlauf eingestreut werden können. Sie sollten locker flott, aber nicht voll gesprintet werden.

Die Intensität des Intervalltrainings wird nicht nur durch die Geschwindigkeit, sondern auch durch die Wiederholungszahl, die Pausenlänge und die Art der Pausengestaltung (also stehen, gehen oder traben) variiert. Ältere Läufer sollten das Intervalltraining vorsichtiger durchführen. Das Verletzungsrisiko dabei steigt, und die Regenerationsdauer verlängert sich. Meist kommt man für einen Marathon auch mit genügend Trainingskilometern und einigen Tempodauerläufen recht weit.

Fahrtspiel

Das ursprünglich aus Skandinavien kommende Fahrtspiel ist eine von der Geländebeschaffenheit und von Lust und Laune abhängende spielerische Form der Belastung und Entlastung des Körpers.

Beim Fahrtspiel werden nach dem Einlaufen unterschiedlich lange Abschnitte abwechselnd nach Körpergefühl schneller oder langsamer gelaufen. An Anstiegen kann forciert werden, bergab wird locker getrabt. Schnelle Passagen auf Asphalt können mit kräfteraubenden Abschnitten durch Sand, Matsch oder Tiefschnee und Joggingpausen kombiniert werden. Slalomlaufen um Bäume, spontanes Überspringen von Hindernissen, Steigerungen oder Koordinationsläufe können eingebaut sein. Das mit der Stoppuhr kontrollierte Training weicht dem lustbetonten und motivierenden Spiel mit dem Gelände und den Elementen.

Die akademischere Form dieses Fahrtspiels entbehrt dieser Freiheiten. Reproduzierbar für das Trainingsbuch werden Minutenläufe in Pyramidenform absolviert: eine Minute schnell gefolgt von einer Minute langsam, zwei Minuten schnell, eine Minute langsam, vier Minuten schnell, zwei Minuten langsam usw., bis z. B. sieben Minuten schnell gelaufen wird. In kürzer werdenden Teilabschnitten arbeitet man sich dann wieder zurück.

Crescendo

Das Crescendo ist ein Steigerungslauf, der in einer fortgeschrittenen Trainingsphase angesetzt wird. Begonnen wird dabei zunächst im Dauerlauftempo. Stufenweise werden einzelne Abschnitte über Tempodauerlauf bis hin zur Renngeschwindigkeit gesteigert. Im Marathontraining kann z. B. der lange Lauf über 30 Kilometer in einer fortgeschritteneren Trainingsphase als Crescendo durchgeführt werden, indem man alle fünf bis zehn Kilometer schneller wird. Danach sollte mindestens zehn Minuten lang ausgelaufen werden.

Hügel- und Berglauf

Laufen im hügeligen und bergigen Gelände kombiniert Kraft und Ausdauervermögen. Man absolviert im welligen Gelände einen Dauerlauf mit natürlichem Schritt- und Rhythmuswechsel, wobei Belastung und Entlastung einander abwechseln. Forciert man das Tempo bergan, so kann ein harter Tempolauf mit fahrtspielartigen Zügen entstehen (siehe Seite 36). Die Kenianer trainieren in den Nandihills auf solchen Strecken. Wer im Flachland wohnt, imitiert den Berglauf, indem er wiederholt eine Brücke oder Treppe hochläuft. Alternativ kann auch im Studio auf einem Steigungslaufband trainiert werden.

Der echte Berglauf, bei dem einige hundert bis tausend Höhenmeter zurückgelegt werden, steht im Verruf, langsam zu machen. Dies ist ein hartnäckiges Vorurteil, der Berglauf wird im Allgemeinen unterschätzt! Berglauf ist ein intensives organisches Training bei höherer Herz- und Atemfrequenz, aber im Vergleich zum flachen Tempodauerlauf mit viel geringerer orthopädischer Belastung, sofern man anschließend nicht schnell bergab läuft. In Kombination mit Intervalltraining kann die beim Berglauf gewonnene Kraft durchaus in Schnelligkeit umgesetzt werden.

Wie schnell im Training?

Trainingspläne sind Makulatur, wenn man gar nicht weiß, wie schnell oder langsam man eigentlich läuft, d. h., ob man die Vorgaben überhaupt einhält. Ein Regenerationslauf wird vielleicht viel zu schnell gerannt, und das Trainingsziel wird damit verfehlt. Neben der Messung der Herzfrequenz sollte man auf einer festgelegten Strecke an Kilometersteinen oder im Stadion das

Ein großer Läufer
Der Vorreiter des Intervall- oder Tempotrainings war Emil Zatopek. Er gewann bei den Olympischen Spielen 1952 in Helsinki die Goldmedaille über 5000 Meter, 10-000 Meter und im Marathon.

Neben Laktat-
messung und Herz-
frequenz sollten Sie
Ihr Training unbe-
dingt auch aus Wett-
kampfresultaten
steuern.

Tempo auch nach Zeit pro Kilometer kontrollieren.

Die untere Tabelle soll, wenn Sie Ihre aktuelle maximal mögliche 10-Kilometer-Wettkampfzeit kennen, helfen, das zeitkontrollierte Training variabel und effektiv zu gestalten. Die Zahlen sollen als ungefähre Richtwerte für die Trainingspläne dienen. Natürlich schwankt das Tempo mit dem Untergrund, Wetter und Profil der Strecke. Wer auf Schnee versucht, sein Dauerlauftempo beizubehalten, überzieht maßlos. Hier wäre ein pulskontrolliertes Training sinnvoller. Bei den Trainingsplänen ab Seite 60 sind Zeiten pro Kilometer eingetragen. Sie können aber auch die

entsprechenden Pulswerte für Jogging, Dauerlauf usw. befolgen (siehe Tabelle Seite 36).

Führen Sie immer ein Lauftagebuch

Ein Lauftagebuch ist ein nützlicher und ständiger Begleiter Ihres Trainings und für den Leistungsläufer eine sinnvolle Hilfe, die Ausführung eines Trainingsplans übersichtlich zu protokollieren und zu kontrollieren. Es ist für jeden Läufer eine wertvolle Fundgrube und Motivationshilfe, eigene erfolgreiche Trainingskonzepte zu studieren und zu wiederholen.

Trainingsformen für den Marathon

Aktuelle 10-km-Zeit	Regenerationslauf	Normaler Dauerlauf	Mittlerer Dauerlauf	Tempodauerlauf	Marathontempo	Schwellenlauf
28:00	4:18	3:50	3:35	3:20	3:05	2:52
30:00	4:32	4:04	3:49	3:34	3:19	3:04
32:00	4:47	4:19	4:03	3:48	3:32	3:16
34:00	5:00	4:32	4:16	4:01	3:45	3:28
36:00	5:16	4:47	4:30	4:14	3:58	3:41
38:00	5:32	5:03	4:46	4:28	4:12	3:53
40:00	5:45	5:15	4:57	4:41	4:25	4:05
42:00	6:00	5:30	5:12	4:55	4:38	4:18
44:00	6:13	5:43	5:25	5:08	4:51	4:30
46:00	6:27	5:57	5:39	5:22	5:05	4:42
48:00	6:41	6:11	5:53	5:36	5:18	4:54
50:00	6:56	6:26	6:07	5:49	5:31	5:07
52:00	7:10	6:40	6:21	6:03	5:45	5:19
54:00	7:24	6:54	6:35	6:17	5:58	5:31
56:00	–	7:07	6:48	6:30	6:11	5:44
58:00	–	7:22	7:02	6:43	6:24	5:56

Vor jedem Trainingslauf ...

... sanftes Warm-up

Nur ein lockerer Muskel kann seine volle Leistungsfähigkeit entwickeln. Machen Sie sich also vor jedem Lauftraining ein paar Minuten warm. Laufen Sie ganz langsam los, oder gehen Sie flott. Dann erst beginnen Sie mit dem Stretching. Die Durchblutung wird gesteigert, Sie erhöhen Beweglichkeit und Spannung der Muskulatur. Die Wirkung des Warm-up ist vielfältig:

▶ Anregung von Kreislauf; Sauerstoff und Energie werden wesentlich schneller transportiert

▶ Steigerung der Körpertemperatur auf 38,5 bis 39 °C – Muskelkrämpfe haben da kaum noch eine Chance

▶ Bessere Elastizität der Fasern, Sehnen und Bänder, vergrößerter Bewegungsspielraum

▶ Ankurbeln der Stoffwechselvorgänge im Muskel; die energieliefernden Reaktionen laufen schneller ab

Je besser Sie mental und physisch auf das Training eingestellt sind, desto eher können Sie Ihre Leistung steigern.

Schreiben Sie das Training auf, dann können Sie nicht nur Ihre Fortschritte über einen längeren Zeitraum verfolgen, sondern auch leichter aus Fehlern lernen. Je sorgfältiger und ehrlicher protokolliert wurde, desto besser. Notieren Sie:

▶ Das Trainingsprogramm (Kilometer, Zeit, Lauftempo, Puls, Erholung etc.)
▶ Subjektive Kommentare
▶ Wetter und Kleidung
▶ Den morgendlichen Ruhepuls
▶ Gewicht – unbekleidet vor dem Frühstück
▶ Wochenkommentar
▶ Wochen- und Monatssummen für die Laufzeitdauer und zurückgelegten Kilometer

Halten Sie Ihr Lauftempo und die Laufdauer fest

Errechnen oder schätzen Sie mittels Streckenabschnitten, die Sie kennen, Ihr Lauftempo in Zeit pro Kilometer, und notieren Sie die gelaufene Zeit (netto, ohne Pausen) und die Kilometer. Ziehen Sie Wochenbilanz. Sie soll Ihnen einen schnellen Überblick über die Dauer und den Kilometerumfang Ihres Laufpensums verschaffen. Haben Sie Ihr Ziel geschafft? Gab es Probleme mit der Gesundheit, oder hinderte beruflicher Stress? Waren Sie nachlässig oder überfleißig? Formulieren Sie jedesmal auch ein Ziel für die nächste Woche.

Das Lauftagebuch hilft nicht nur bei der systematischen Umsetzung Ihrer Trainingspläne. Sie können zudem ablesen, welche Fortschritte Sie gemacht haben. Ein Trainingstagebuch fürs ganze Jahr ist das Büchlein »Fit For Run« von Steffny/ Pramann (Südwest Verlag).

Das Rennen planen

▸ Wie man System in das Marathontraining bringt

▸ Kontinuierliches Wintertraining als wichtige Basis

▸ Crosslauf gibt Power

▸ Der Countdown zum erfolgreichen Marathon: die letzten Tage bis zum Start

Vorbereitung
mit **System**

Beim Wettkampf heißt es Farbe bekennen. Das gilt nicht nur für den Marathon, sondern auch für die Testwettkämpfe und Aufbaurennen zuvor. Damit ausgerechnet beim Marathon nichts schief läuft, sollte er nicht ohne vorherige Rennerfahrung gelaufen werden. Wettkämpfe spiegeln das wirkliche Leistungsvermögen und bieten eine Standortorientierung für das weitere Training. Sie stellen die Psyche und taktische Renneinteilung zudem auf eine harte Probe.

Umrechnungen
Die unten angeführten Umrechnungen gehen überwiegend auf Toni Nett und Manfred Steffny zurück. Verglichen werden nur aktuell mögliche Zeiten.

Gut geplant ist halb gewonnen! Zur Planung gehören nicht nur ein selbstkritisch geführtes Lauftagebuch voller fleißig gesammelter ruhiger Kilometerläufe und nicht nur eine intensive mentale Vorbereitung, sondern auch einige Testwettkämpfe, damit der Läufer eine realistische Einschätzung seiner Möglichkeiten erreicht. Der Anteil des Tempotrainings spielt jedoch eine geringere Rolle als beispielsweise beim 10 000-Meter-Lauf.

Wettkämpfe können als Testrennen für die derzeitige Form und zur Hochrechnung auf mögliche Zeiten bei der eigentlichen Hauptdistanz Marathon gelten. Um die hochgerechneten Zeiten dann auch zu realisieren, muss man natürlich das entsprechende Training für diese Distanz durchführen. Eine gute Zeit auf zehn Kilometer ist jedoch ohne erhöhten Trainingsumfang und lange Läufe noch kein Garant für eine gute Marathonzeit. Auch kann das Wetter jedem Läufer einen dicken Strich durch die Rechnung machen. Ein 10-Kilometer-Test in 32:00 Minuten kann im Optimalfall eine Halbmarathonzeit von 1:10:43 Stunden und einen Marathon in etwa 2:30 Stunden bedeuten. Häufig werden die maximal möglichen Zeiten infolge schlechter Witterung, ungewohnter Strecke, mangelhafter Motivation, unzureichender Vorbereitung oder anderer Zielsetzung nicht erreicht. Ein Marathondebütant sollte, wie wir beim Plan für Einsteiger noch sehen werden, ei-

Zeiten auf Nachbardistanzen

Wettkampfdistanz	Umrechnungsformel aus der Unterdistanz
10 000 Meter	5000-Meter-Zeit mal 2 plus 1 Minute
Halbmarathon	2,21 mal 10-000-Meter-Zeit
Marathon	4,666 mal 10-000-Meter-Zeit oder 2,11 mal Halbmarathon-Zeit
100 Kilometer	3-mal Marathonzeit (bei Marathonzeit unter 3:00 Stunden abzüglich der Minuten unter 3:00 Stunden)

nen Unerfahrenheitsmalus einkalkulieren, also die Strecke vorsichtshalber langsamer angehen (siehe Seite 15).

Trainingsplanung im Jahreszyklus

Der leistungsorientierte Marathonläufer sollte ganzjährig kontinuierlich laufen. Allerdings sollte man nicht das ganze Jahr über gleichförmig trainieren. Das lassen die Jahreszeiten wetterbedingt nicht zu, außerdem gilt es, für die Saisonhöhepunkte topfit zu werden und danach wieder auszuruhen. Der Jahresablauf wird also in unterschiedliche Abschnitte unterteilt, in denen diverse Trainingsakzente gesetzt werden.

Vom Allgemeinen zum Speziellen

Für Marathonläufer liegt der Saisonhöhepunkt im Frühjahr oder Herbst. Die Trainingsabschnitte haben meist diese Abfolge: Nach der vorhergehenden Saison regeneriert man sich zunächst in einer etwa einmonatlgen Übergangsperiode. Auf diese folgt ein mehrmonatiger Abschnitt, in dem das Training der allgemeinen Grundlagenausdauer im Vordergrund steht. Schließlich kommt in den letzten sechs bis acht Wochen vor dem Marathon eine Phase mit vermehrt wettkampfspezifischen Trainingseinheiten. Dabei gilt: Je solider das Fundament der

Grundlagenausdauer, desto besser steht die Leistungspyramide darauf!

Wintertraining für Marathonläufer

Nach einer langen Saison oder dem Herbstmarathon wird ein ambitionierter Läufer ein paar Wochen ruhiger treten und sich bei deutlich weniger Training physisch und psychisch ausruhen. Jetzt ist die richtige Zeit, die letzte Saison kritisch zu analysieren und sich Gedanken über einen gezielten Aufbau für das nächste Jahr zu machen. Das Wintertraining ist die Basis für die nächste Saison. Dabei liegt der Schwerpunkt auf der Grundlagenausdauer, dann erst wird auf Intensität trainiert. Jede Trainingsstufe schafft die Basis für die

Es gibt auch noch längerfristige Planungen, beispielsweise im olympischen Vierjahreszyklus, wo ein gezielter mehrjähriger Aufbau optimale Resultate erbringen kann.

Ruhige Ausdauerläufe im Winter stärken das Immunsystem und schaffen die Trainingsgrundlage für das Frühjahr.

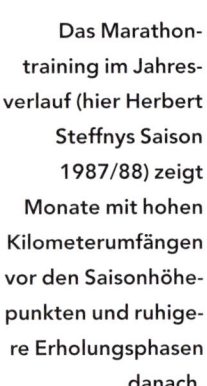

Fremd gehen
Bei der aeroben Grundlagenausdauer soll keineswegs nur gelaufen werden. Gut geeignet und eine Abwechslung für Kopf und Muskeln sind Schwimmen, Radfahren, Ballspiele, Gymnastik, Zirkeltraining in der Halle und vor allem Skilanglauf. Nebenbei wird so auch Rückenbeschwerden vorgebeugt.

nächste. Das Fundament des späteren Erfolgs bildet das Ausdauertraining. Danach erst sollte die Spezialisierung auf die Hauptdisziplin Laufen erfolgen. Erst ganz zuletzt bereitet man sich mit wettkampfnahem Training auf das geplante Rennen vor.

Die Basis

Wer sich also auf einen Frühjahrsmarathon Ende April oder Anfang Mai vorbereiten will, sollte im November ausruhen und im Dezember den Schwerpunkt auf die aerobe Grundlagenausdauer legen. Die Devise ist: Im Winter nicht heizen, sondern die Betonung auf ruhige aerobe Dauerläufe im Bereich von etwa 65 bis 85 Prozent der maximalen Pulsfrequenz legen. Das Ziel hierbei ist es, Kilometer zu sam-

meln. Die im Winter antrainierten Kilometer sind nämlich entscheidend für die ganze nächste Saison. Das unterschätzen selbst viele Spitzenläufer, die zu früh wieder mit scharfem Training beginnen. Was nutzt die beste Laktattoleranz, wenn die viel wichtigere aerobe Ausdauer nur halb entwickelt ist? Nicht vergessen: Zwischen zwei bis drei Belastungswochen sollten auf jeden Fall einige Regenerationstage eingebaut werden.

Geduld zahlt sich aus

Die Anpassungen beim Grundlagenausdauertraining sind Wachstumsprozesse und brauchen daher Zeit. Dieser Trainingsblock ruft erst nach wenigstens acht bis zwölf Wochen im Körper die gewünschte Anpassung hervor.

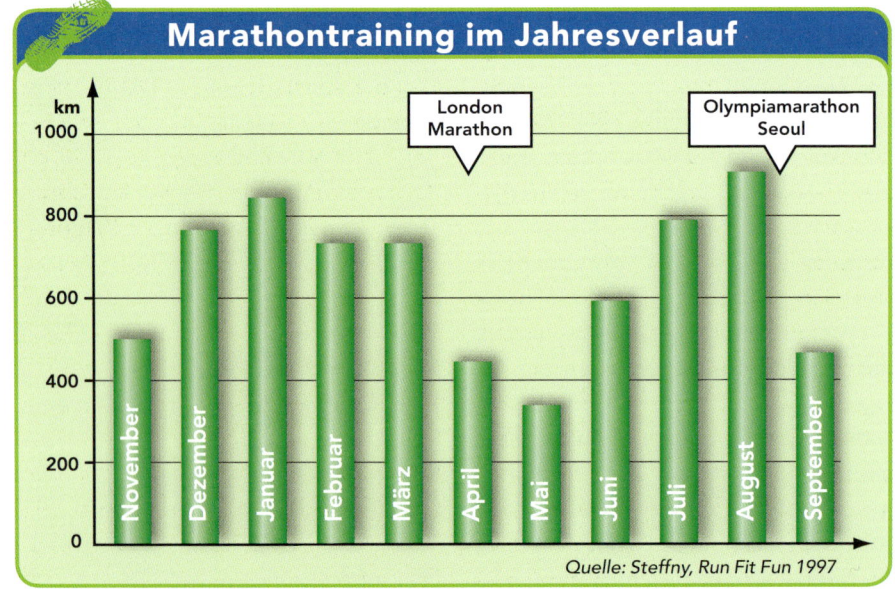

Das Marathontraining im Jahresverlauf (hier Herbert Steffnys Saison 1987/88) zeigt Monate mit hohen Kilometerumfängen vor den Saisonhöhepunkten und ruhigere Erholungsphasen danach.

Muskeln lassen sich schnell auftrainieren, Sehnen wachsen aber nur langsam. Man braucht also nicht nur Ausdauer in den Beinen, sondern auch Geduld im Kopf, sonst kommt es schnell zu Überlastungen und Verletzungen. Dieser Trainingsabschnitt kann von Dezember bis Februar reichen. In dieser Zeit ist es nicht nur falsch, sondern wegen der Kälte sowieso schwierig und riskant, allzu viel Tempoarbeit durchzuführen.

Crosslauf gibt Power

Soll im Winter demnach nur lahm rumgejoggt werden? Keineswegs! Die Akzente müssen nur richtig gesetzt werden. Wer aber zu früh mit scharfem Tempolauf beginnt, entfacht ein Strohfeuer. Als Tempospritze sind von Dezember bis Februar zunehmend dem Gelände angepasste Fahrtspiele, gelegentliche Volkslauf- und Crosslaufwettkämpfe zu empfehlen. Vergessen Sie die Uhr, die sonst im Training so dominiert. Ein Crossläufer sucht die Herausforderung und den Kampf mit den Elementen und schult seine Willensstärke.

Ein Crosslauf erfordert ständige Konzentration; der permanente Schrittwechsel unterbricht den Einheitstrott, ökonomisiert den Laufstil, schult die Koordination und zwingt taktisch zur Krafteinteilung. Durch Schnee, unterschiedliche Bodenbeschaffenheit, Sprünge und Geländeprofil werden auch andere Muskeln der Beine trainiert, die beim normalen Laufen weni-

ger beansprucht werden. Ein Crosslauf schult die Schnellkraft und Kraftausdauer und bietet so auch eine psychische Abwechslung. Crossläufe sind hervorragende Aufbaurennen für Marathon. Der Marathonolympiasieger Carlos Lopes, die Weltmeisterin Grete Waitz und die frühere Weltrekordlerin Ingrid Kristiansen glänzten als Crossweltmeister.

Das Crossfahrtspiel

Die Winterlaufserien mit Wald- und Straßenlauf können den Crosslauf eigentlich nicht ersetzen. Vielleicht haben Sie jetzt Lust darauf bekommen? Zumindest sollten Sie zunächst ein Crossfahrtspiel pro Woche mit längeren und kürzeren flotten, aber nicht zu harten Tempopassagen über Stock und Stein einbauen. Suchen Sie sich eine ca. 1500 Meter lange Runde, in der alles drin ist, was herausfordert: kleinere Anstiege zum Klettern, sanft fallende und gerade Strecken für Steigerungen oder flottes Tempo, weichen Boden zum Wühlen, ein Hindernis zum Darüberspringen, Slalom um Parkbäume. Selbst ein Dauerlauf auf solch einer Runde ist schon fast ein Fahrtspiel. Darauf können Sie je nach Leistungsvermögen spielerische Intervalle laufen, beispielsweise dreimal eine Runde, in der nächsten Woche etwas langsamer dreimal zwei Runden. Alle zwei bis drei Wochen kann die Teilnahme an einem richtigen Crosswettkampf hinzukommen.

Der Crosslauf schult die Willenskraft: Wer sich vor schweren Aufgaben drückt, hat auch jenseits Kilometer 30 im Marathon eine faule Ausrede parat, wenn es so richtig hart wird!

Im Spätwinter – Intervalltraining

Gelegentlich kann der Marathonläufer auch im Winter an milden Tagen flottere Dauerläufe und flache Langintervalle wie dreimal 3000 Meter im derzeit möglichen Marathontempo einbauen oder an einem Straßenlauf teilnehmen.

Jüngere Läufer können alle paar Wochen auch Programme wie beispielsweise zehnmal 400 Meter oder fünfmal 1000 Meter im derzeit möglichen 10-Kilometer-Tempo einbauen. Pro Woche sollte ein langer, aber langsamer Lauf absolviert werden, der im März bereits mehr als zwei Stunden erreichen soll. Nachdem man bis Anfang März die Grundlagen- und Kraftausdauer maximal gesteigert hat und das Wetter milder wird, konzentriert man sich in den letzten sechs bis acht Wochen auf Tempoläufe.

Die heiße Phase vor dem Marathon

Hatten Wettkämpfe bisher nur Vorbereitungscharakter, so sollten Sie sich nun ernsthaft dem speziellen Marathontraining widmen. Das bedeutet, dass mehr aerobe Tempodauerläufe absolviert werden sollten oder Intervalle wie fünfmal 2000 Meter, viermal 3000 Meter oder später sogar dreimal 5000 Meter im Marathontempo. Der lange Lauf ist nun Routine und kann gelegentlich auch schneller im Rahmen eines Halbmarathons eingeplant werden.

Hüten Sie sich jetzt aber vor zu vielen Wettkämpfen! Basistraining bleibt auch jetzt zwischen Leistungstagen der ruhige, regenerative Dauerlauf. Drei bis vier Wochen vor dem Marathon erfolgt ein Halbmarathontest, den Sie mit voller Kraft laufen sollten. Das Training wird einige Tage vorher und eine Woche danach entsprechend reduziert. Jetzt können Sie Ihr mögliches Marathonresultat realistisch hochrechnen. In den letzten Wochen laufen Sie weniger Kilometer. Der letzte lange, langsame Lauf sollte spätestens eine Woche vor dem Marathon erfolgen. Die letzte Woche ruhen Sie aus und joggen allenfalls ein bisschen.

Vorbereitung auf den Herbstmarathon

Die Vorbereitung auf einen Herbstmarathon erfolgt im Grunde ähnlich. Zur Verbesserung der allgemeinen aeroben und Kraftausdauer können Sie im Sommer neben dem Lauftraining zunächst unspezifische Einheiten auf dem Straßenrennrad oder Mountainbike einstreuen. Berglaufen in Kombination mit einem Höhentraining ist eine gute Ergänzung und kann den winterlichen Crosslauf ersetzen. Schnelle Bahnwettkämpfe oder scharfe Straßenläufe über kurze Distanzen sollten nicht zu viel in den letzten zwei Monaten vor dem Marathon gelaufen werden.

Tempoblock
Ein vorgezogener separater Block mit 3000- bis 10 000-Meter-Rennen im Mai bis Ende Juni vor dem Umstieg in das typische Marathontraining kann sehr Erfolg versprechend für den Herbstmarathon sein.

Bild rechts: Sie sind trainiert, ausgeschlafen und haben die Schuhe zugebunden? Dann kann es endlich losgehen!

Der **Countdown** zum **Marathon**

Gerade in den letzten 14 Tagen vor einem Marathon kann noch viel schief gehen. Das Immunsystem, Muskulatur und der passive Bewegungsapparat sind in dieser Phase oft an der Grenze. Zudem wächst die Nervosität. Wer glaubt, jetzt noch viel nachholen zu können, wird sich durch zuviel Training eher schaden. Die nachfolgenden Tipps sollen Misserfolge verhindern.

Die vorletzte Woche

Die Kilometerzahl ist bereits deutlich geringer. Das Ausruhen wird mit dem letzten Schliff kombiniert.

Jetzt sollte äußerst umsichtig trainiert werden:

▶ Gegenüber den Vorwochen sollte der Trainingsumfang um ein Drittel reduziert werden.

▶ In der Wochenmitte, zehn Tage vor dem Marathon, sollte eine letzte härtere Einheit exakt im Marathontempo erfolgen, damit sich der Läufer nochmals an die Renngeschwindigkeit gewöhnt.

▶ Diese Einheit (z. B. 3-mal-5000 Meter) sollte als Generalprobe unter wettkampfnahen Bedingungen durchgeführt werden: Wettkampfschuhe, Trikot, flacher Asphalt, wenn möglich zur Wettkampfzeit etc.

▶ Am Wochenende sollte der letzte längere Lauf auf Asphalt durchgeführt werden. Dieser ist aber nur noch 20 bis 25 Kilometer lang und muss sehr ruhig gelaufen werden.

Die letzte Woche

Auch wenn es nach zehn bis zwölf Wochen erhöhten Trainingsumfangs schwer fällt: »In der Ruhe liegt die Kraft!« Wer jetzt noch viel trainiert, kann kurz vor Schluss noch alles kaputt machen!

▶ Den Trainingsumfang in der letzten Woche nochmals halbieren

▶ Lockeres kürzeres Jogging unter einer Stunde

▶ Wenn möglich zur Wettkampfzeit trainieren

▶ Ein paar lockere Steigerungen in die Läufe einbauen

▶ Vermehrt Dehnungsgymnastik einplanen

▶ Mehr Ruhezeiten ermöglichen und Beine hochlegen

▶ Für vollwertige Ernährung sorgen, die umstrittene Saltin-Diät jedoch nur als erfahrener Läufer mit Ochsenmagen ausprobieren

▶ Keinen Stress aufkommen lassen, berufliches und privates Umfeld möglichst befrieden

»Tapering« nennt man die Phase vor dem Wettkampf, bei der das Training zurückgeschraubt wird. In der Ruhe liegt die Kraft. Vor dem Marathon wird in den letzten Tagen langsamer und kürzer gelaufen.

▶ Eine notwendige Anreise rechtzeitig planen: bei Zeitzonenwechsel mindestens drei Tage vorher, denn für je zwei Stunden Zeitumstellung rechnet man mit einem Tag Anpassung

▶ Bei Klimazonenwechsel besser eine Woche vorher anreisen

▶ Bei Flugreisen kein Risiko eingehen und Laufschuhe, Socken und Trikot im Handgepäck mitführen (wie die Profiläufer)

▶ Mittwochs vor dem Marathon eventuell noch ein vorsichtiges Intervalltraining (z. B. 3-mal 1000 Meter) im Marathontempo laufen

▶ Fußnägel rechtzeitig schneiden

Die letzten drei Tage

Das Training ist beendet. Jetzt muss die Ausrüstung zusammengestellt werden (siehe Seite 11ff.).

Nun sollten Sie, was Ernährung und Startvorbereitung betrifft, noch Folgendes beachten:

▶ Der Anteil der Kohlenhydrate muss deutlich erhöht werden, um die Glykogendepots aufzufüllen.

▶ Reichlich trinken ist wichtig (kein Alkohol).

▶ Die Streckenbesichtigung muss eingeplant werden.

▶ Holen Sie Startnummer und eventuell Zeitmesschip rechtzeitig ab.

▶ Sorgen Sie in der vorletzten Nacht für viel Schlaf.

▶ Wer möchte, sollte spätestens zwei Tage vorher zur Regeneration in die warme Badewanne, ins Thermalbad oder in die Sauna gehen; später geht dabei die Muskelspannung verloren.

Der Tag vorher

Spätestens am letzten Tag steigt die Nervosität. Eine gute Vorbereitung kann unnötigen Stress vermeiden:

▶ Bei kurzfristiger Anreise möglichst bald die Startunterlagen abholen.

▶ Am Vortag höchstens eine halbe Stunde joggen mit ein paar Steigerungen, wenn möglich auf dem Endstück der Strecke, damit man dort keine Überraschungen mehr erlebt.

▶ Gehen Sie den organisatorischen Ablauf nochmals in Ruhe durch: Wann muss ich eigentlich wo sein?

▶ Sprechen Sie soweit möglich mit Freunden oder der Familie ein Betreuungssystem durch (Kleidung, Getränke, Zwischenzeiten, Aufmunterung, Abholung usw.).

▶ Durchdenken Sie nochmals die Renntaktik: gleichmäßige Zwischenzeiten auf ein realistisches Ziel ausrechnen und eventuell mit wasserfestem Stift auf den Arm oder die Startnummer schreiben, möglicherweise auch die Uhr mit Timerfunktion programmieren, wenn das Gepiepse unterwegs nicht nervt.

▶ Verfolgen Sie den Wetterbericht.

▶ Denken Sie positiv, aber realistisch. Stellen Sie sich nochmals vor, was Sie dem inneren Schweinehund nach Kilometer 30 sagen werden!

Unglaublich! Es gibt immer wieder Läufer, die vor Nervosität zwei Tage vor dem Marathon nochmal testen, ob Sie den Marathon auch wirklich schaffen. Ein langer Lauf beispielsweise über 25 Kilometer ruiniert dann endgültig alles.

Der Morgen davor

Jetzt gibt es kein Zurück mehr. Aufgeregt und beklommen schleicht der Marathonläufer zum Frühstück und danach gefasst zum Start.

▶ Stehen Sie wenigstens drei Stunden vor dem Start auf.

▶ Checken Sie Wetter und Wetterbericht, passen Sie Renntempo und Kleidung nochmals an.

▶ Ziehen Sie Ihr Trikot, die Socken, die Wettkampfschuhe, den Chip, das Schweißband usw. schon an. So können Sie nichts mehr vergessen.

▶ Essen Sie eine letzte leichte, kohlenhydrathaltige Mahlzeit zwei bis drei Stunden vor dem Start. Meiden Sie alles, was Sie nicht zuvor schon einmal vor einem Rennen oder Training ausprobiert haben. Empfehlenswert sind Bananen, zarte Haferflocken oder Brot mit Honig.

▶ Reiben Sie empfindliche Stellen (Füße, Achselhöhlen, Schritt) sorgfältig mit Vaseline ein, und verpflastern Sie die Brustwarzen.

▶ Denken Sie nochmals an Ihren »Lauffahrplan«, nehmen Sie sich vor, nicht zu schnell loszulaufen.

▶ Gehen Sie rechtzeitig zum Start, bedenken Sie mögliche Verkehrssperrungen usw.

▶ Nehmen Sie ein altes T-Shirt und eine Trainingshose mit, um sich vor dem Start warm zu halten.

▶ Nehmen Sie in einer Plastikflasche etwas zu trinken und Toilettenpapier für alle Fälle mit.

Der sorgfältig am Laufschuh verschnürte Computerchip misst nicht ab dem Startschuss die Bruttozeit, sondern die so genannte Nettozeit vom Überqueren der Startlinie bis zum Zieleinlauf.

▶ Legen Sie alles zusammen, was Sie brauchen werden (Schuhe, Trikot, Socken etc.).

▶ Befestigen Sie schon die Startnummer am Trikot und eventuell den Chip am Schuh.

▶ Genießen Sie in Ruhe die Pasta- oder Kartoffelparty.

▶ Ein Bierchen kann der Beruhigung dienen, mehr schadet.

▶ Planen Sie am Abend etwas Ablenkendes, was aber keinen Stress mehr bereitet.

▶ Gehen Sie nicht zu spät ins Bett.

▶ Stellen Sie sich den Wecker, sichern Sie sich mit Weckdienst durch Freunde oder durch das Hotel zusätzlich ab. Bedenken Sie die Zeitumstellung, die im Frühjahr und Herbst am Wochenende vorkommen kann.

Jetzt wird's ernst

Joggen Sie sich langsam ein wenig warm, bei Wärme reichen fünf bis zehn Minuten, wenn es kalt ist, höchstens doppelt so lange. Studieren Sie dabei, wo das erste, eventuell das zweite Kilometerschild ist, dann können Sie auch später im Renngetümmel schon frühzeitig Ihre Zwischenzeiten überprüfen.
▶ Dehnen Sie sich ein wenig, und laufen Sie ein paar lockere Steigerungen.
▶ Trinken Sie Wasser. Wenn Sie gleich wieder auf die Toilette müssen, sind Sie ausreichend hydriert.
▶ Gehen Sie rechtzeitig 10 bis 15 Minuten vor dem Start in den Block, der Ihrer realistisch geplanten Laufzeit entspricht.
▶ Machen Sie einen festen (Doppel-) Knoten auf den Schuh, schnüren Sie ihn aber nicht zu eng.
▶ Essen Sie auf keinen Fall Traubenzucker oder ähnlich Süßes in der letzten Stunde vor dem Start, das könnte den Zuckerhaushalt stören.
▶ Schlucken Sie auch kein Magnesium oder andere Mittel kurz vor dem Start, nur weil irgendein Wichtigtuer das empfiehlt. Das kann wortwörtlich in die Hose gehen.
▶ Laufen Sie nur in einer Gruppe mit, wenn Sie sich sicher sind, was die anderen Läufer wirklich vorhaben. Sie sind nicht der Sparringpartner für andere Teilnehmer.
▶ Kippen Sie sich bei Wärme vor dem Start den Rest Wasser aus Ihrer Flasche zur Kühlung über den Kopf.

▶ Kurz vor dem Startschuss denken Sie nochmal: »Gleich geht die Horde los, aber ich werde nicht zu schnell loslaufen!«
▶ Konzentrieren Sie sich darauf, im Gewühl nicht zu Fall zu kommen.
▶ Drücken Sie mit dem Startschuss Ihre Uhr ab und nochmals, wenn Sie die Startlinie passieren, denn die Kilometerzwischenzeiten gelten natürlich erst ab der Startlinie! Viel Glück!

Danach ruhig angehen lassen

Nach monatelangem intensivem und umfangreichem Training sollten Sie nach dem Marathon zur physischen und psychischen Erholung ein wenig Urlaub einplanen. Die Regeneration kann mehrere Wochen dauern.
Vorsicht: Die Muskelfasern, der Bewegungsapparat, das Hormon- und Immunsystem können angeschlagen sein. Wer in dieser Phase ohne Pause weitertrainiert, wird bald völlig ausgelaugt sein.

Wahre Erholung für Leib und Seele

Noch am selben Tag können Sie zur besseren aktiven Erholung ein wenig spazieren gehen. Dehnen Sie bei starkem Muskelkater nur vorsichtig oder gar nicht. Besser ist dann ein warmes Wannenbad oder Schwimmen. Gesunde Ernährung ist nun besonders wichtig, wie wir noch sehen werden.

Einsteiger und langsame Marathonläufer laufen sich vorher nicht warm. Es reicht, wenn sie das Rennen auf den ersten Kilometern einfach etwas langsamer beginnen.

Planvolles Training

▸ Wie sich Einsteiger professionell auf das Rennen einstellen

▸ Marathon – eine Sache des Kopfes

▸ Talent und Trainingsfleiß

▸ In zehn Wochen zum Marathon: vom ersten Start bis zum 2:20-Läufer

Professionelle
Trainingspläne

Marathon ist das »Matterhorn des kleinen Mannes«. Er ist eine echte Herausforderung, und für viele ist der Wunsch, einen Marathon zu laufen, der Anlass für ein jahrelanges Fitnesstraining. Mit einer entsprechenden Vorbereitung kann dieser Traum in Erfüllung gehen, aber es wird kein Kinderspiel werden.

Mit Geduld durch die Mauer

Marathon ist nichts für Ungeduldige. Der Körper braucht Monate bis Jahre für die Anpassung und die notwendige orthopädische Stabilität. Geduld und Disziplin braucht man aber auch im Rennen, denn wer zu schnell beginnt, wird in die gefürchtete »Mauer« laufen. Die Fettverbrennung allein kann dieselbe Menge Energie zur Aufrechterhaltung der Geschwindigkeit nicht liefern, da sie hierfür mehr Sauerstoff als der Kohlenhydratstoffwechsel benötigt. Zunächst beschleunigt sich zwar die Atmung, aber letztlich sinkt das Tempo umso mehr ab, je schlechter zuvor der Fettstoffwechsel trainiert wurde.

Bei der »Mauer« oder dort, wo der »Mann mit dem Hammer« steht, haben diejenigen, die das Rennen zu schnell oder schlecht vorbereitet beginnen, ihre Glykogenreserven vorzeitig aufgebraucht.

Das richtige Marathonrezept

Während ein Halbmarathon noch einigermaßen mit einem 10-Kilometer-Training zu laufen ist, benötigt die 42,195-Kilometer-Distanz wegen der begrenzten Glykogenvorräte besondere Trainingsmethoden. Lange Läufe, ein langsameres durchschnittliches Trainingstempo und ein erhöhter Trainingsumfang charakterisieren das Marathontraining. Der Anteil des Tempotrainings spielt eine geringere Rolle als beim 10 000-Meter-Lauf. Nur rund fünf Prozent werden im Wettkampftempo und schneller gelaufen. Ruhige Dauerläufe sind nichts Spektakuläres, dennoch sind fleißiges Kilometersammeln und längere Läufe die entscheidenden Grundlagen für den Marathon.

Marathonplan für blutige Einsteiger

Es kann einem Debütanten nicht deutlich genug gesagt werden: Das einzige Ziel für den ersten Marathon ist es anzukommen! Die Zeit ist absolut zweitrangig. Wenn man beim ersten Mal gut durchkommt, hat man beim zweiten Versuch genug Erfahrung, um schneller zu laufen.

Marathon beschließt man nicht bei einer Bierhauswette drei Wochen vor dem Rennen. Ausgehend von einer wenigstens ein-, besser zweijährigen regelmäßigen Ausdauerbasis mit drei bis vier Laufeinheiten und 30 bis 40 Kilometern pro Woche, beginnt die spezielle Vorbereitung zehn Wochen vor dem Marathon. Die Voraussetzungen dafür sind: Man sollte schon rund 20 Kilometer locker am Stück laufen können. Die überflüssigen Pfunde sollten bereits auf ein Mindestmaß reduziert sein. Ein sporterfahrener Arzt sollte grünes Licht geben. Der Trainingsumfang wird nun schrittweise gesteigert. Spätestens jetzt sollte man sich ordentliche Laufschuhe leisten, denn das vermehrte Training bedeutet auch erhöhten orthopädischen Stress. Ausreichend Schlaf, gute Ernährung und Gymnastik sind trainingsbegleitend notwendig. Man sollte sich auch bewusst sein, dass man in den nächsten zwei Monaten etwas mehr Zeit in das Ziel investieren muss. Gut wäre es, wenn man gleich gesinnte Läufer ähnlicher Leistungsstärke finden kann, die einen nicht als Sparringpartner missbrauchen.

Den ersten Marathon gut auswählen

Für den ersten Marathon sollte man eine Strecke aussuchen, die vom Profil und voraussichtlichen Wetter keine unerwarteten Schwierigkeiten birgt. Bestes Marathonwetter ist im Frühjahr und Herbst, wenn es weder zu kalt noch zu heiß ist. Die großen Citymarathons sind in der Regel hervorragend organisiert, das Gedränge und der Rummel liegen aber nicht jedem. Hier kann ein Debüt bei einem kleinen Marathon in der Provinz empfehlenswerter sein. Andererseits kann ein Citymarathon Seite an Seite mit Tausenden von Mitstreitern vor Hunderttausenden applaudierender Zuschauer ein motivierendes, kurzweiliges Rauscherlebnis werden. Eine Strecke unweit der Heimat lockt eher unterstützende Freunde und Familienmitglieder an die Strecke als ein Exotenrennen. Hier kommen möglicherweise Reisestress, Jetlag, Essens- und Klimaumstellung erschwerend hinzu.

Der lange Lauf

Neben dem erhöhten wöchentlichen Trainingsumfang ist der lange Lauf das wichtigste Trainingselement. Am besten sucht man eine flache Strecke mit ebenem Waldboden und vermessenen Kilometerabschnitten. Die Kontrolle und gleichmäßige Einteilung des Trainingstempos fällt dadurch leichter. Das Tempo sollte mit 65 bis 70 Prozent des Maximalpulses deutlich langsamer als bei kürzeren Dauerläufen sein. Wer sich zwei Wochen zuvor bis auf 30 Kilometer an die Marathondistanz herangearbeitet hat, wird mit Ausruhen am Wettkampftag die letzten zwölf Kilometer auch noch schaffen. Längere Läufe bergen für den Einsteiger zu

Aufbaurennen
Einzelne Vorbereitungsrennen über zehn Kilometer und ein Halbmarathon dienen der wettkampfspezifischen Vorbereitung des Marathons. Im Vordergrund stehen ruhige aerobe Dauerläufe zur Vergrößerung des Glykogendepots und zum Training des Fettstoffwechsels.

Keine Angst
Ziel der immer
länger werdenden
Läufe ist die Vergrö-
ßerung des Glyko-
gendepots, ein Fett-
stoffwechseltraining,
die orthopädische
Gewöhnung und
auch, die Angst vor
der langen Strecke
zu verlieren.

hohe orthopädische Risiken. Der beste Zeitpunkt für einen langen Lauf ist am Wochenende, wo man mehr Zeit zur Erholung hat. Unterwegs sollte man viel trinken, da die Wasserverluste meist hoch sind. Danach das Glykogendepot möglichst rasch auffüllen.

Aufbauwettkämpfe und Testrennen

Nicht wenige laufen Marathon ohne vorherige Vorbereitungsrennen. Bei Testläufen bzw. Aufbaurennen über zehn Kilometer und Halbmarathon sammelt der Marathoneinsteiger jedoch erste Wettkampferfahrungen. Er gewöhnt sich an die gleichmäßige

Einteilung des Rennens nach Zwischenzeiten, die Getränkeaufnahme während des Laufs und bekommt Aufschluss über die anzustrebende Marathonendzeit.

Je nach Ihrer Ausgangsbasis können Sie den Plan für Marathoneinsteiger (10-Kilometer-Zeit etwa bei 55 Minuten) bis hin zum Plan für unter 4:00 Stunden (10-Kilometer-Zeit bei etwa 47 Minuten) befolgen. Wer schon Erfahrung hat, kann die Vier-Stunden-Grenze auch mit einer 10-Kilometer-Zeit von etwa 50 Minuten knacken. Die Tageskilometerangaben in der letzten Spalte der Pläne beinhalten bei Intervalltraining, Tempoläufen oder Wettkämpfen auch das Ein- und Auslaufen.

Am Start geht die
Post ab und viele
überziehen unter
Adrenalin und rennen zu schnell los.
Bei kürzeren Vorbereitungsrennen
lernen Marathonläufer zuvor diesen
schweren Fehler zu
vermeiden.

In 10 Wochen Marathon unter 3:30 Stunden

Wer eine Marathonzeit um oder unter 3:30 Stunden anstrebt, sollte über zehn Kilometer wenigstens 45:00 Minuten laufen. Damit sind unter optimalen Bedingungen 3:30 Stunden erreichbar, allerdings nicht beim ersten Marathon. Für das Debüt sollte man bei dieser Vorleistung zunächst 3:45 bis 3:50 Stunden anstreben. Ein Neuling müsste wenigstens 42 Minuten auf zehn Kilometer oder 1:32 Stunden auf Halbmarathon schaffen, um gleich beim ersten Mal 3:30 Stunden anzugreifen.

Der 3:30-Marathonläufer startet mit einem Niveau von viermal Training mit ca. 45 bis 50 Kilometern pro Woche. Er kann in seinem vorhergehenden Training bereits über 20 Kilometer am Stück laufen. Er ist in der Regel zumindest auf kürzeren Distanzen schon wettkampferfahren.

Vorsichtig steigern

In der ersten bis vierten Woche wird zunächst der Trainingsumfang auf 60 bis 70 Kilometer pro Woche gesteigert. Gleichzeitig wird der sonntägliche lange, ruhige Dauerlauf stufenweise auf 30 Kilometer verlängert. In der achten Woche werden 32 Kilometer absolviert, wobei der 10-Kilometer-Abschnitt von 20 auf 30 Kilometer schneller gelaufen wird. Der flotte Dauerlauf verlängert sich von zunächst

8 auf 15 Kilometer in der sechsten Woche. Das Marathontempo wird erst in kurzen Intervalleinheiten trainiert, die sich bis zur neunten Woche auf 5-Kilometer-Abschnitte verlängern. Die kürzeren 1000-Meter-Intervalle trainieren überlappend die zehn Kilometer Unterdistanz. Der 10-Kilometer- und der Halbmarathontest sind harte Tempoläufe zur Formüberprüfung.

In 10 Wochen unter 3:00 Stunden

Wer die begehrte Drei-Stunden-Schallmauer unterbietet, gehört schon zur leistungsorientierten Elite der Freizeitläufer. Bei den Frauen beginnt hier sogar der erweiterte Bereich der nationalen Spitze. Dazu gehört schon eine Portion Talent und der entsprechende Trainingsfleiß. Mitglieder dieses »Proficlubs« trainieren in der Regel schon mehrere Jahre und verfügen über reichlich Wettkampferfahrung. Meist sind sie in ihrer Laufgruppe bereits Vorbild oder Trainer.

Die Basis – 100 Kilometer pro Woche

Über den Sommer oder Winter wurde eine gute aerobe Grundlagenausdauer erworben. Die Ausgangsbasis vor dem Zehn-Wochen-Plan sollte fünfmaliges Training pro Woche sein. Der längste Dauerlauf erreichte bereits rund 25 Kilometer. Im Vorfeld wurden kürzere

Vorbild Fischer

Joschka Fischer befolgte 1998 in Grundzügen den 3:30er-Plan. Dieser wurde aber von seinem Trainer Herbert Steffny den Gegebenheiten seines politischen Alltags angepasst. Er hatte eine Halbmarathonvorleistung von 1:37 Stunden. Im April 1998 lief er damit bei seiner Marathonpremiere in Hamburg gute 3:41 Stunden.

Wettkämpfe absolviert. Das Leistungs-vermögen über zehn Kilometer sollte mindestens 39 Minuten betragen. Wer den ersten Marathon läuft, sollte da-mit vorerst 3:15 Stunden anstreben. Mit 36 Minuten könnte sich auch ein Debütant an 3:00 Stunden wagen.

Da fast tägliches Training auf Sie zu-kommt, ist es sinnvoll, im Vorfeld das private und berufliche Umfeld zu op-timieren. Bitten Sie Ihre Familie um Verständnis. Legen Sie Ihren Urlaub in die spezielle Vorbereitungsphase, und organisieren Sie ein Trainingslager. Rechnen Sie mit einer Stunde mehr Schlaf pro Nacht.

Der wöchentliche Trainingsumfang erreicht durchschnittlich um die 100 Kilometer. Der 3:00-Läufer trainiert fast jede Woche einen langen Lauf um 30 Kilometer. Dabei ist zunächst das Ziel, die Distanz sicher zu beherr-schen, später wird im Rahmen der Be-lastungssteigerung auch das Tempo variiert. Ein Halbmarathontest gehört sinnvollerweise ins effektive Vorberei-tungsprogramm. Von den zwei 10-Ki-lometer-Rennen wird das erste »nur aus dem Training heraus«, das zweite jedoch voll gelaufen. Der 3:00-Läufer verfügt über eine breitere Palette an Trainingsmitteln als der 3:30-Läufer. Sein Marathontempo beträgt 4:15 bis 4:20 Minuten pro Kilometer. Es wird in längeren Intervallen, Tempodauerläu-fen oder Crescendos geübt. Fahrtspiel oder Dauerläufe im welligen bis ber-gigen Gelände sorgen für zusätzliche Trainingsreize.

Katrin Dörre, Deutschlands erfolg-reichste Marathon-läuferin, schaffte bereits 21-mal Weltspitzenzeiten von unter 2:30-Stun-den. Unter profes-sionellen Bedingun-gen trainiert sie bis zu dreimal täglich.

In 10 Wochen unter 2:30 Stunden

Den Trainingsplan für unter 2:30 Stun-den (siehe Seite 72f.) schrieb Herbert Steffny für Jürgen Theofel aus dem hessischen Biedenkopf. Er war bereits 1998 Deutscher 10-Kilometer-Meister der über 40-Jährigen in 32:30 Minuten und konnte 5000 Meter in 15:17 Minu-ten laufen.

Seine Marathonzeit hinkte jedoch mit 2:34 Stunden hinterher. Die Ursache dafür lag nicht im Kilometerumfang, sondern in der Feinabstimmung. So waren die regenerativen Einheiten zu flott gelaufen worden, und es gab im Verhältnis zu den Tempoläufen zu wenig lange Läufe. Mit Steffnys Plan erzielte Jürgen Theofel beim Ham-burg-Marathon 1999 nicht nur 2:26 Stunden, sondern er verbesserte auch in der Vorbereitung seine 10-Kilome-ter-Bestzeit auf 32:07 Minuten und seine Halbmarathonbestzeit auf 69:31 Minuten. Und es gelang ihm etwas ganz Großartiges: 2002 wurde er mit diesem Plan sogar Europameister der über 40-Jährigen.

In 10 Wochen unter 2:20 Stunden

Hier beginnt bei den Männern bereits der erweiterte Kreis der Weltklasse. Während der 2:50-Stunden-Mara-thonläufer noch im Büro sitzt und nach der Arbeit im Winter in der Dunkelheit mühsam seine Kilometer sammelt, hat der Laufprofi schon seine zweite Einheit bei bestem Wetter im Trainingslager im Süden hinter sich. Er wird vom Arbeitgeber freigestellt, vom Staat und Verband für den Einsatz im Nationaltrikot gefördert, verdient diverse Preisgelder und hat schon mehrere Werbeverträge.

Talent, Trainingsfleiß und mentale Härte

Erfolgreiche Spitzenläufer verfügen über eine besondere genetische Veranlagung für Ausdauerleistungsfähigkeit und sind orthopädisch und mental robuster als der Durchschnittsläufer. Die Anpassungen auf höchstem Niveau sind über jahrelanges Training erworben worden. Mentale Vorbereitung und entsprechende schwierige Trainingsaufgaben haben einen hohen Stellenwert. Die Entscheidung über Sieg und Niederlage fällt oft im Kopf. Das Problem der Streckenlänge oder ein entscheidender Anstieg im Kurs wurden z. B. bei einem 50-Kilometer-Überdistanzlauf oder einem Berglauf zuvor im Training durchgespielt. Kleinere Aufbauwettkämpfe können aus dem Training heraus ohne vollen Einsatz gewonnen werden.

Jahrelange Vorbereitung

Die Planung erstreckt sich über Jahre, um bei internationalen Meisterschaften oder Olympischen Spielen in Topform zu sein. Die Athleten verfügen über bestes Material und haben um sich herum ein Team aus Trainer, Mediziner, Physiotherapeut und Manager organisiert. Das gesamte Training zielt auf Meisterehren, Olympiateilnahme, Bestzeiten oder Prämien. Sponsorenverträge sind häufig an Medaillen, Rekorde und Citymarathonsiege gekoppelt. Besondere Vorbereitungen auf die widrigen Hitzeverhältnisse bei den internationalen Meisterschaften in den Sommermonaten können die Planung durchaus dominieren. Internationale Reisen und Höhentrainingslager gehören ab einem bestimmten Zeitpunkt zum Läuferalltag.

Das Erfolgsrezept

Mit dem auf Seite 74f. vorgestellten Trainingsplan lief Herbert Steffny 1995 in Minneapolis St. Paul als 42-Jähriger noch eine Zeit von 2:18:35 Stunden und gewann damit als Gesamtfünfter die in den USA angesehene und hoch dotierte Mastersklasse der über 40-Jährigen. Das Beispiel zeigt, wie eine Kombination von härteren Aufbauwettkämpfen und sehr ruhigen Dauerlaufeinheiten, teilweise im bergigen Gelände, mit bis zu 230 Kilometern pro Woche zum Erfolg führen kann. Die langen Dauerläufe reichen sogar über die Marathondistanz hinaus. Bei dem Halbmarathonwettkampf erzielte Steffny mit 65:41 Minuten eine deutsche Bestleistung für über 40-Jährige. Das harte Training gab ihm Recht.

Kopfsache
Auch Spitzenläufer kochen nur mit Wasser. Sie können nicht nur wie Hobbyjogger Muskelkater bekommen, sondern haben auch mental zu kämpfen. Gedanken ans Aufgeben sind nicht ungewöhnlich. Auf ähnlichem Leistungsniveau entscheidet aber letztlich der Kopf über Sieg und Niederlage.

10-Wochen-Plan für **Marathoneinsteiger** – Zielzeit **4:45 Stunden**

1. Woche (45 km)

Tag		Training	ca. km
Mo		—	–
Di		Dauerlauf 60 min (in 6:45 min/km)	9
Mi		—	–
Do	▶▶	flotter Dauerlauf 5 km (in 6:00 min/km)	10
Fr		—	–
Sa		Dauerlauf 40 min (in 6:30 min/km)	6
So	▶	langer Dauerlauf 20 km (in 6:45 min/km)	20

2. Woche (50 km)

Tag		Training	ca. km
Mo		—	–
Di		Dauerlauf 40 min (in 6:45 min/km)	6
Mi		—	–
Do	▶▶	flotter Dauerlauf 7 km (in 6:00 min/km)	12
Fr		—	–
Sa		Dauerlauf 70 min (in 6:45 min/km)	10
So	▶	langer Dauerlauf 22 km (in 6:45 min/km)	22

3. Woche (42 km)

Tag		Training	ca. km
Mo		—	–
Di	▶◆▶	3 x 1000 m (in je 5:40 min/km, Pause 4 min)	10
Mi		—	–
Do		Dauerlauf 70 min (in 6:45 min/km), Steigerungen	10
Fr		—	–
Sa		Dauerlauf 40 min (in 6:45 min/km)	6
So	▶▶	**10-km-Test** (Zielzeit unter 60:00 min)	16

4. Woche (46 km)

Tag		Training	ca. km
Mo		—	–
Di		Dauerlauf 40 min (in 6:45 min/km)	6
Mi		—	–
Do		Dauerlauf 60 min locker, wellig-bergig	9
Fr		—	–
Sa		Dauerlauf 40 min (in 6:45 min/km)	6
So	▶	langer Dauerlauf 25 km (in 6:45 min/km)	25

5. Woche (37 km)

Tag		Training	ca. km
Mo		—	–
Di		Dauerlauf 40 min (in 6:45 min/km)	6
Mi		—	–
Do		Dauerlauf 70 min (in 6:45 min/km), Steigerungen	10
Fr		—	–
Sa		Jogging 30 min, Steigerungen	4
So	▶▶	**10-km-Test** (Zielzeit ca. 55:00 min)	17

© Steffny, Pramann – Perfektes Marathontraining, Südwest Verlag 2006

10-Wochen-Plan für **Marathoneinsteiger** – Zielzeit **4:45 Stunden**

© Steffny, Pramann – Perfektes Marathontraining, Südwest Verlag 2006

6. Woche (54 km)

Tag		Training	ca. km
Mo		—	–
Di		70 min Dauerlauf (in 6:45 min/km)	10
Mi		—	–
Do		70 min Dauerlauf (in 6:45 min/km)	10
Fr		—	–
Sa	▶	Dauerlauf 28 km (in 6:45 min/km)	28
So		Dauerlauf 40 min (in 6:45 min/km)	6

7. Woche (51 km)

Tag		Training	ca. km
Mo		—	–
Di	▶◆▶	3 x 2000 m in 12:20 min (Pause 6 min)	12
Mi		—	–
Do		Dauerlauf 60 min (in 6:45 min/km)	9
Fr		—	–
Sa		Jogging 30 min, Steigerungen	4
So	▶▶	**Halbmarathontest** (Zielzeit ca. 2:10 Std.)	26

8. Woche (55 km)

Tag		Training	ca. km
Mo		—	–
Di		Dauerlauf 40 min (in 6:45 min/km)	6
Mi		—	–
Do		Dauerlauf 90 min (in 6:45 min/km)	13
Fr		—	–
Sa		Dauerlauf 40 min (in 6:45 min/km)	6
So	▶	langer Dauerlauf 30 km (in 6:45 min/km)	30

9. Woche (47 km)

Tag		Training	ca. km
Mo		—	–
Di		Dauerlauf 40 min (in 6:45 min/km)	6
Mi		—	–
Do	▶◆▶	Marathontempo 3 x 3000 m in 20:00 min (Pause 8 min)	15
Fr		—	–
Sa		Dauerlauf 40 min (in 6:45 min/km)	6
So	▶	langer Dauerlauf 20 km (in 6:45 min/km), Steigerungen	20

10. Woche (62 km)

Tag		Training	ca. km
Mo		—	–
Di		Dauerlauf 60 min (in 6:45 min/km)	9
Mi		—	–
Do		Dauerlauf 40 min (in 6:45 min/km), Steigerungen	6
Fr		—	–
Sa		Dauerlauf 20 min (in 6:45 min/km), Steigerungen	3
So	▶▶	**Marathon** (Zielzeit 4:45 Std.)	44

▶ = langer Dauerlauf ▶▶ = Tempolauf oder Wettkampf ▶◆▶ = Intervalltraining
Bei Wettkämpfen und Tempoeinheiten sind bei den Tageskilometern Kilometer für langsames Ein- und Auslaufen mit einberechnet. Alternativ: Training nach Herzfrequenz (siehe Abbildung Seite 36). Weitere Erläuterungen siehe Text

10-Wochen-Plan für **Marathon** – Zielzeit unter **4:00 Stunden**

1. Woche (47 km)

Tag		Training	ca. km
Mo		—	–
Di		Dauerlauf 60 min (in 6:20 min/km)	9
Mi		—	–
Do	▶▶	flotter Dauerlauf 5 km (in 5:45 min/km)	10
Fr		—	–
Sa		Dauerlauf 40 min (in 6:20 min/km)	6
So	▶	langer Dauerlauf 22 km (in 6:20 min/km)	22

2. Woche (55 km)

Tag		Training	ca. km
Mo		—	–
Di		Dauerlauf 60 min (in 6:20 min/km)	9
Mi		—	–
Do	▶▶	flotter Dauerlauf 7 km (in 5:45 min/km)	12
Fr		—	–
Sa		Dauerlauf 70 min (in 6:20 min/km)	10
So	▶	langer Dauerlauf 24 km (in 6:20 min/km)	24

3. Woche (44 km)

Tag		Training	ca. km
Mo		—	–
Di	▶◆▶	3 x 1000 m (in je 5:00 min/km, Pause 4 min)	10
Mi		—	–
Do		Dauerlauf 80 min (in 6:20 min/km), Steigerungen	12
Fr		—	–
Sa		Dauerlauf 40 min (in 6:20 min/km)	6
So	▶▶	**10-km-Test** (Zielzeit ca. 52:00 min)	16

4. Woche (56 km)

Tag		Training	ca. km
Mo		—	–
Di		Dauerlauf 60 min (in 6:20 min/km)	9
Mi		—	–
Do		Dauerlauf 70 min (in 6:20 min/km)	11
Fr		—	–
Sa		Dauerlauf 60 min (in 6:20 min/km)	9
So	▶	langer Dauerlauf 27 km (in 6:20 min/km)	27

5. Woche (40 km)

Tag		Training	ca. km
Mo		—	–
Di		Dauerlauf 60 min (in 6:20 min/km)	9
Mi		—	–
Do		Dauerlauf 70 min (in 6:20 min/km), Steigerungen	10
Fr		—	–
Sa		Jogging 30 min, Steigerungen	4
So	▶▶	**10-km-Test** (Zielzeit ca. 50:00 min)	17

© Steffny, Pramann – Perfektes Marathontraining, Südwest Verlag 2006

10-Wochen-Plan für **Marathon** – Zielzeit unter **4:00 Stunden**

6. Woche (59 km)

Tag		Training	ca. km
Mo		—	–
Di		Dauerlauf 70 min (in 6:20 min/km)	10
Mi		—	–
Do		Dauerlauf 70 min (in 6:20 min/km), Steigerungen	10
Fr		—	–
Sa	▶	langer Dauerlauf 30 km (in 6:20 min/km)	30
So		Dauerlauf 60 min (in 6:20 min/km)	9

7. Woche (54 km)

Tag		Training	ca. km
Mo		—	–
Di	▶◆▶	3 x 3000 m in 15:45 min (Pause 8 min)	15
Mi		—	–
Do		Dauerlauf 60 min (in 6:20 min/km)	9
Fr		—	–
Sa		Jogging 30 min, Steigerungen	4
So	▶▶	**Halbmarathontest** (Zielzeit ca. 1:51 Std.)	26

8. Woche (61 km)

Tag		Training	ca. km
Mo		—	–
Di		Dauerlauf 60 min (in 6:20 min/km)	9
Mi		—	–
Do		Dauerlauf 90 min (in 6:20 min/km), Steigerungen	14
Fr		—	–
Sa		Dauerlauf 40 min (in 6:20 min/km)	6
So	▶	langer Dauerlauf 32 km (in 6:20 min/km)	32

9. Woche (49 km)

Tag		Training	ca. km
Mo		—	–
Di		Dauerlauf 40 min (in 6:20 min/km)	6
Mi		—	–
Do	▶◆▶	Marathontempo 3 x 4000 m in 22:16 min (Pause 9 min)	17
Fr		—	–
Sa		Dauerlauf 40 min (in 6:20 min/km)	6
So	▶	langer Dauerlauf 20 km (in 6:20 min/km), Steigerungen	20

10. Woche (62 km)

Tag		Training	ca. km
Mo		—	–
Di		Dauerlauf 60 min (in 6:20 min/km)	9
Mi		—	–
Do		Dauerlauf 40 min (in 6:20 min/km), Steigerungen	6
Fr		—	–
Sa		Dauerlauf 20 min (in 6:20 min/km), Steigerungen	3
So	▶▶	**Marathon** (Zielzeit 3:55 Std.)	44

▶ = langer Dauerlauf ▶▶ = Tempolauf oder Wettkampf ▶◆▶ = Intervalltraining
Bei Wettkämpfen und Tempoeinheiten sind bei den Tageskilometern Kilometer für langsames Ein- und Auslaufen mit einberechnet. Alternativ: Training nach Herzfrequenz (siehe Abbildung Seite 36). Weitere Erläuterungen siehe Text

© Steffny, Pramann – Perfektes Marathontraining, Südwest Verlag 2006

10-Wochen-Plan für **Marathon** – Zielzeit unter **3:30 Stunden**

1. Woche (58 km)

Tag		Training	ca. km
Mo		—	–
Di	▶▶▶	Marathontempo 4 x 2000 m (in je 10:00 min, Pause 5 min)	14
Mi		—	–
Do		Dauerlauf 60 min (in 5:50 min/km)	10
Fr		—	–
Sa	▶▶	flotter Dauerlauf 8 km (in 5:15 min/km)	12
So	▶	langer Dauerlauf 22 km (in 6:00 min/km)	22

2. Woche (62 km)

Tag		Training	ca. km
Mo		—	–
Di	▶▶▶	3 x 1000 m (in je 4:25 min/km, Trabpause 400 m)	10
Mi		Dauerlauf 70 min (in 6:00 min/km)	12
Do		—	–
Fr	▶▶	flotter Dauerlauf 10 km (in 5:15 min/km)	15
Sa		—	–
So	▶	langer Dauerlauf 25 km (in 6:00 min/km)	25

3. Woche (65 km)

Tag		Training	ca. km
Mo		—	–
Di	▶▶▶	Marathontempo 5 x 2000 m in 10:00 min (Pause 5 min)	15
Mi		—	–
Do		Dauerlauf 108 min (in 6:00 min/km)	18
Fr		—	–
Sa		Jogging 35 min (in 6:20 min/km)	5
So	▶	langer Dauerlauf 27 km (in 6:00 min/km)	27

4. Woche (70 km)

Tag		Training	ca. km
Mo		—	–
Di		Dauerlauf 70 min (in 5:45 min/km)	12
Mi		—	–
Do	▶▶	flotter Dauerlauf 12 km (in 5:15 min/km)	17
Fr		—	–
Sa		Jogging 70 min (in 6:20 min/km)	11
So	▶	langer Dauerlauf 30 km (in 6:00 min/km)	30

5. Woche (46 km)

Tag		Training	ca. km
Mo		—	–
Di	▶▶▶	5 x 1000 m (in je 4:25 min/km, Trabpause 400 m)	12
Mi		Dauerlauf 70 min (in 5:50 min/km)	12
Do		—	–
Fr		—	–
Sa		Jogging 30 min, Steigerungen	5
So	▶▶	**10-km-Test** (Zielzeit ca. 45:00 min)	17

© Steffny, Pramann – Perfektes Marathontraining, Südwest Verlag 2006

10-Wochen-Plan für **Marathon** – Zielzeit unter **3:30 Stunden**

6. Woche (78 km)

Tag		Training	ca. km
Mo		—	–
Di		Dauerlauf 60 min (in 6:00 min/km)	10
Mi		—	–
Do		Dauerlauf 90 min (in 6:00 min/km), Steigerungen	18
Fr	▶▶	flotter Dauerlauf 15 km (in 5:15 min/km)	20
Sa		—	–
So	▶	Dauerlauf 30 km (in 5:50 min/km)	30

7. Woche (60 km)

Tag		Training	ca. km
Mo		—	–
Di	▶◆▶	Marathontempo 4 x 3000 m in 15:00 min (Pause 7 min)	17
Mi		Dauerlauf 60 min (in 6:00 min/km)	10
Do		—	–
Fr		—	–
Sa		Jogging 30 min, Steigerungen	5
So	▶▶	**Halbmarathontest** (Zielzeit 1:40 Std.)	28

8. Woche (68 km)

Tag		Training	ca. km
Mo		—	–
Di		Jogging 60 min (in 6:20 min/km)	9
Mi		—	–
Do		Dauerlauf 90 min (in 5:50 min/km)	16
Fr		—	–
Sa		Jogging 70 min (in 6:20 min/km)	11
So	▶▶	langer Dauerlauf 32 km (in 5:50 min/km, gegen Ende 10 km in 5:15 min/km)	32

9. Woche (63 km)

Tag		Training	ca. km
Mo		—	–
Di		Dauerlauf 60 min (in 6:00 min/km)	10
Mi		—	–
Do	▶◆▶	Marathontempo 3 x 5000 m in 25:00 min (Pause 12 min)	20
Fr		—	–
Sa		Dauerlauf 50 min (in 6:00 min/km)	8
So	▶	langer Dauerlauf 25 km (in 6:10 min/km), Steigerungen	25

10. Woche (72 km)

Tag		Training	ca. km
Mo		—	–
Di		Dauerlauf 60 min (in 6:00 min/km)	10
Mi	▶◆▶	Marathontempo 3 x 1000 m (in je 5:00 min/km, Pause 3 min)	8
Do		Jogging 30 min (in 6:20 min/km), Steigerungen	5
Fr		—	–
Sa		Jogging 30 min (in 6:20 min/km), Steigerungen	5
So	▶▶	**Marathon** (Zielzeit 3:29 Std.)	44

▶ = langer Dauerlauf ▶▶ = Tempolauf oder Wettkampf ▶◆▶ = Intervalltraining
Bei Wettkämpfen und Tempoeinheiten sind bei den Tageskilometern Kilometer für langsames Ein- und Auslaufen mit einberechnet. Alternativ: Training nach Herzfrequenz (siehe Abbildung Seite 36). Weitere Erläuterungen siehe Text

© Steffny, Pramann – Perfektes Marathontraining, Südwest Verlag 2006

10-Wochen-Plan für **Marathon** – Zielzeit unter **3:15 Stunden**

1. Woche (73 km)

Tag		Training	ca. km
Mo		—	–
Di	▶•▶	Marathontempo 4 x 2000 m in 9:15 min (Pause 4 min)	15
Mi		—	–
Do		Dauerlauf 70 min (in 5:40 min/km)	13
Fr		Jogging 40 min (in 6:00 min/km)	7
Sa	▶▶	flotter Dauerlauf 8 km (in 4:50 min/km)	13
So	▶	langer Dauerlauf 25 km (in 5:30 min/km)	25

2. Woche (74 km)

Tag		Training	ca. km
Mo		—	–
Di	▶•▶	4 x 1000 m (in je 4:10 min/km, Trabpause 400 m)	12
Mi		Dauerlauf 70 min (in 5:30 min/km)	12
Do		—	–
Fr	▶▶	flotter Dauerlauf 10 km (in 4:50 min/km)	15
Sa		Jogging 50 min (in 6:00 min/km)	8
So	▶	langer Dauerlauf 27 km (in 5:30 min/km)	27

3. Woche (72 km)

Tag		Training	ca. km
Mo		—	–
Di	▶•▶	Marathontempo 4 x 3000 m in 13:45 min (Pause 6 min)	16
Mi		—	–
Do		Dauerlauf 100 min (in 5:30 min/km)	18
Fr		—	–
Sa		Jogging 50 min (in 6:00 min/km)	8
So	▶	langer Dauerlauf 30 km (in 5:30 min/km)	30

4. Woche (81 km)

Tag		Training	ca. km
Mo		—	–
Di		Dauerlauf 75 min (in 5:45 min/km)	13
Mi		Jogging 40 min (in 6:00 min/km)	7
Do	▶▶	flotter Dauerlauf 12 km (in 4:50 min/km)	17
Fr		—	–
Sa		Jogging 70 min (in 6:00 min/km)	12
So	▶	langer Dauerlauf 32 km (in 5:30 min/km)	32

5. Woche (54 km)

Tag		Training	ca. km
Mo		—	–
Di	▶•▶	5 x 1000 m (in je 4:10 min/km, Trabpause 400 m)	12
Mi		Dauerlauf 70 min (in 5:30 min/km)	13
Do		Jogging 40 min (in 6:00 min/km), Steigerungen	7
Fr		—	–
Sa		Jogging 30 min (in 6:00 min/km), Steigerungen	5
So	▶▶	**10-km-Test** (Zielzeit ca. 42 min)	17

© Steffny, Pramann – Perfektes Marathontraining, Südwest Verlag 2006

10-Wochen-Plan für **Marathon** – Zielzeit unter **3:15 Stunden**

6. Woche (91 km)

Tag		Training	ca. km
Mo		—	–
Di		Dauerlauf 70 min (in 5:45 min/km)	12
Mi		—	–
Do		Dauerlauf 90 min (in 5:30 min/km), Steigerungen	17
Fr	▶▶	flotter Dauerlauf 15 km (in 4:50 min/km)	20
Sa		Jogging 60 min (in 6:00 min/km)	10
So	▶	Dauerlauf 32 km (in 5:30 min/km)	32

7. Woche (71 km)

Tag		Training	ca. km
Mo		—	–
Di	▶◆▶	Marathontempo 3 x 4000 m in 18:25 min (Pause 8 min)	17
Mi		Dauerlauf 70 min (in 5:30 min/km)	13
Do		Jogging 50 min (in 6:00 min/km), Steigerungen	8
Fr		—	–
Sa		Jogging 30 min (in 6:00 min/km), Steigerungen	5
So	▶▶	**Halbmarathontest** (Zielzeit 1:32:30 Std.)	28

8. Woche (85 km)

Tag		Training	ca. km
Mo		—	–
Di		Jogging 60 min (in 6:00 min/km)	10
Mi		Dauerlauf 70 min (in 5:30 min/km)	13
Do		Dauerlauf 90 min (in 5:50 min/km)	16
Fr		—	–
Sa		Jogging 70 min (in 6:00 min/km)	11
So	▶▶	langer Dauerlauf 35 km (in 5:30 min/km, darin gegen Ende 10 km in 4:50 min/km)	35

9. Woche (68 km)

Tag		Training	ca. km
Mo		—	–
Di		Dauerlauf 70 min (in 5:30 min/km)	13
Mi		—	–
Do	▶◆▶	Marathontempo 3 x 5000 m in 23:00 min (Pause 11 min)	21
Fr		—	–
Sa		Dauerlauf 50 min (in 5:30 min/km)	9
So	▶	langer Dauerlauf 25 km (in 5:45 min/km), Steigerungen	25

10. Woche (77 km)

Tag		Training	ca. km
Mo		—	–
Di		Dauerlauf 60 min (in 5:30 min/km)	11
Mi	▶◆▶	Marathontempo 3 x 1500 m (in je 6:55 min, Pause 2 min)	9
Do		Jogging 50 min (in 6:00 min/km), Steigerungen	8
Fr		—	–
Sa		Jogging 30 min (in 6:00 min/km), Steigerungen	5
So	▶▶	**Marathon** (Zielzeit: 3:14 Std.)	44

▶ = langer Dauerlauf ▶▶ = Tempolauf oder Wettkampf ▶◆▶ = Intervalltraining
Bei Wettkämpfen und Tempoeinheiten sind bei den Tageskilometern Kilometer für langsames Ein- und Auslaufen mit einberechnet. Alternativ: Training nach Herzfrequenz (siehe Abbildung Seite 36). Weitere Erläuterungen siehe Text

© Steffny, Pramann – Perfektes Marathontraining, Südwest Verlag 2006

10-Wochen-Plan für **Marathon** – Zielzeit unter **3:00 Stunden**

1. Woche (88 km)

Tag		Training	ca. km
Mo		—	–
Di	▶▶	Marathontempo 5 x 2000 m (in je 8:30 min, Pause 4 min)	17
Mi		Dauerlauf 95 min (in 5:30 min/km)	17
Do		—	–
Fr	▶▶	flotter Dauerlauf 10 km (in 4:40 min/km)	15
Sa		Jogging 70 min (in 5:45 min/km)	12
So	▶	langer Dauerlauf 27 km (in 5:30 min/km)	27

2. Woche (104 km)

Tag		Training	ca. km
Mo		Jogging 70 min (in 5:45 min/km)	12
Di	▶▶	10 x 400 m (in je 90 sek, Trabpause 200 m)	15
Mi		Dauerlauf 100 min (in 5:30 min/km)	18
Do		—	–
Fr	▶▶	flotter Dauerlauf 12 km (in 4:30 min/km)	17
Sa		Jogging 70 min (in 5:45 min/km)	12
So	▶	langer Dauerlauf 30 km (in 5:30 min/km)	30

3. Woche (84 km)

Tag		Training	ca. km
Mo		Jogging 70 min (in 5:45 min/km)	12
Di	▶▶	5 x 1000 m (in je 3:55 min/km, Trabpause 400 m)	15
Mi		Dauerlauf 100 min (in 5:30 min/km), Steigerungen	18
Do	FSP	Fahrtspiel 70 min (in 4:30–5:40 min/km)	14
Fr		—	–
Sa		Jogging 45 min, Steigerungen	8
So	▶▶	**10-km-Wettkampf** (Zielzeit ca. 40 min)	17

4. Woche (107 km)

Tag		Training	ca. km
Mo		Jogging 90 min (in 5:40 min/km)	16
Di		—	–
Mi		Dauerlauf 100 min (in 5:20 min/km)	19
Do		Jogging 70 min (in 5:40 min/km)	12
Fr	▶▶	Marathontempo 3 x 3000 m in 12:45 min (Pause 6 min)	16
Sa		Jogging 70 min (in 5:40 min/km)	12
So	▶	langer Dauerlauf 32 km (in 5:20 min/km), Steigerungen	32

5. Woche (73 km)

Tag		Training	ca. km
Mo		Jogging 70 min (in 5:40 min/km)	12
Di	▶▶	5 x 1000 m (in je 3:50 min/km, Trabpause 400 m)	14
Mi		Dauerlauf 90 min (in 5:30 min/km)	16
Do		Dauerlauf 50 min (in 5:50 min/km), Steigerungen	9
Fr		—	–
Sa		Jogging 30 min, Steigerungen	5
So	▶▶	**10-km-Wettkampf** (Zielzeit ca. 38:30 min)	17

© Steffny, Pramann – Perfektes Marathontraining, Südwest Verlag 2006

10-Wochen-Plan für **Marathon** – Zielzeit unter **3:00 Stunden**

© Steffny, Pramann – Perfektes Marathontraining, Südwest Verlag 2006

6. Woche (110 km)

Tag		Training	ca. km
Mo		Jogging 90 min (in 5:40 min/km)	16
Di		—	–
Mi		Dauerlauf 70 min (in 5:00 min/km)	14
Do		Dauerlauf 100 min (in 5:30 min/km), Steigerungen	18
Fr	▶▶	flotter Dauerlauf 10 km (in 4:30 min/km)	17
Sa		Dauerlauf 70 min (in 5:20 min/km)	13
So	▶▶	Crescendo 32 km (in 5:30, 5:00 und 4:30 min/km)	32

7. Woche (83 km)

Tag		Training	ca. km
Mo		Jogging 70 min (in 5:40 min/km)	12
Di	▶◆▶	Marathontempo 4 x 3000 m in 12:45 min (Pause 6 min)	18
Mi		Dauerlauf 60 min (in 5:10 min/km)	12
Do		Dauerlauf 8 km (in 5:30 min/km), Steigerungen	8
Fr		—	–
Sa		Jogging 30 min, Steigerungen	5
So	▶▶	**Halbmarathontest** (Zielzeit 1:25 Std.)	28

8. Woche (108 km)

Tag		Training	ca. km
Mo		Jogging 70 min (in 5:40 min/km)	12
Di		—	–
Mi		Dauerlauf 100 min (in 5:20 min/km)	19
Do	▶▶	Jogging 70 min (in 5:40 min/km)	12
Fr		mittlerer Dauerlauf 90 min (in 5:00 min/km), Steigerungen	18
Sa		Jogging 70 min (in 5:40 min/km)	12
So	▶	langer Dauerlauf 35 km (in 5:20 min/km), Steigerungen	35

9. Woche (87 km)

Tag		Training	ca. km
Mo		Jogging 70 min (in 5:40 min/km)	12
Di		mittlerer Dauerlauf 10 km (in 4:50 min/km)	15
Mi		—	–
Do	▶◆▶	Marathontempo 3 x 5000 m in 21:15 min (Pause 10 min)	20
Fr		—	–
Sa		Dauerlauf 70 min (in 5:30 min/km)	13
So	▶	langer Dauerlauf 27 km (in 5:20 min/km), Steigerungen	27

10. Woche (78 km)

Tag		Training	ca. km
Mo		Jogging 60 min (in 5:30 min/km)	11
Di		—	–
Mi	▶◆▶	Marathontempo 3 x 1500 m (in je 6:22 min, Pause 2 min)	10
Do		Dauerlauf 8 km (in 5:30 min/km), Steigerungen	8
Fr		—	–
Sa		Jogging 30 min, Steigerungen	5
So	▶▶	**Marathon** (Zielzeit 2:59 Std.)	44

▶ = langer Dauerlauf ▶▶ = Tempolauf oder Wettkampf ▶◆▶ = Intervalltraining **FSP** = Fahrtspiel
Bei Wettkämpfen und Tempoeinheiten sind bei den Tageskilometern Kilometer für langsames Ein- und Auslaufen mit einberechnet. Alternativ: Training nach Herzfrequenz (siehe Abbildung Seite 36). Weitere Erläuterungen siehe Text

10-Wochen-Plan für **Marathon** – Zielzeit unter **2:45 Stunden**

1. Woche (122 km)

Tag		Training	ca. km
Mo		Dauerlauf 70 min (in 5:00 min/km)	14
Di	▶▶▶	Marathontempo 5 x 2000 m (in je 7:48 min/km, Pause 4 min)	17
Mi		Jogging 100 min (in 5:20 min/km)	19
Do		Dauerlauf 70 min (in 5:00 min/km)	14
Fr	▶▶	flotter Dauerlauf 10 km (in 4:15 min/km)	17
Sa		Jogging 70 min (in 5:20 min/km)	13
So	▶	langer Dauerlauf 28 km (in 5:30 min/km)	28

2. Woche (120 km)

Tag		Training	ca. km
Mo		Jogging 70 min (in 5:20 min/km)	13
Di	▶▶▶	10 x 400 m (in je 80 sek, Trabpause 200 m)	15
Mi		Jogging 100 min (in 5:20 min/km)	19
Do		Dauerlauf 70 min (in 5:00 min/km)	12
Fr	▶▶	flotter Dauerlauf 12 km (in 4:15 min/km)	18
Sa		Jogging 70 min (in 5:20 min/km)	13
So	▶	langer Dauerlauf 30 km (in 5:00 min/km)	30

3. Woche (100 km)

Tag		Training	ca. km
Mo		Jogging 70 min (in 5:20 min/km)	13
Di	▶▶▶	5 x 1000 m (in je 3:30 min/km, Trabpause 400 m)	15
Mi		Jogging 100 min (in 5:20 min/km), Steigerungen	18
Do	FSP	leichtes Fahrtspiel 70 min (in 3:50–5:20 min/km)	16
Fr		Jogging 70 min (in 5:20 min/km)	13
Sa		Jogging 45 min, Steigerungen	8
So	▶▶	**10-km-Wettkamp**f (Zielzeit ca. 36:00 min)	17

4. Woche (125 km)

Tag		Training	ca. km
Mo		Jogging 100 min (in 5:30 min/km)	18
Di		Dauerlauf 70 min (in 5:00 min/km)	14
Mi		Dauerlauf 100 min (in 5:20 min/km)	19
Do		Jogging 70 min (in 5:20 min/km)	13
Fr	▶▶▶	Marathontempo 3 x 3000 m in 11:42 min (Pause 6 min)	16
Sa		Jogging 70 min (in 5:20 min/km)	13
So	▶	langer Dauerlauf 32 km (in 5:00 min/km), Steigerungen	32

5. Woche (86 km)

Tag		Training	ca. km
Mo		Jogging 70 min (in 5:20 min/km)	13
Di	▶▶▶	5 x 1000 m (in je 3:30 min/km, Trabpause 400 m)	15
Mi		Jogging 100 min (in 5:20 min/km), Steigerungen	18
Do		Dauerlauf 50 min (in 5:00 min/km), Steigerungen	10
Fr		Jogging 40 min, Steigerungen	7
Sa		Jogging 30 min, Steigerungen	6
So	▶▶	**10-km-Test** (Zielzeit ca. 35:00 min)	17

© Steffny, Pramann – Perfektes Marathontraining, Südwest Verlag 2006

10-Wochen-Plan für **Marathon** – Zielzeit unter **2:45 Stunden**

6. Woche (129 km)

Tag		Training	ca. km
Mo		Jogging 100 min (in 5:30 min/km)	18
Di		Dauerlauf 70 min (in 5:00 min/km)	14
Mi		Dauerlauf 100 min (in 5:20 min/km)	19
Do		Dauerlauf 70 min (in 5:00 min/km)	14
Fr	▶▶	flotter Dauerlauf 10 km (in 4:15 min/km)	17
Sa		Dauerlauf 70 min (in 5:20 min/km)	13
So	▶	Crescendo 34 km (in 5:20, 4:50 und 4:20 min/km)	34

7. Woche (91 km)

Tag		Training	ca. km
Mo		Jogging 70 min (in 5:20 min/km)	13
Di	▶◆▶	4 x 2000 m (in je 7:25 min/km, Pause 5 min)	16
Mi		Jogging 40 min, Steigerungen	7
Do		Dauerlauf 70 min (in 5:00 min/km)	14
Fr		Jogging 40 min, Steigerungen	7
Sa		Jogging 30 min, Steigerungen	6
So	▶▶	**Halbmarathontest** (Zielzeit 1:18 Std.)	28

8. Woche (122 km)

Tag		Training	ca. km
Mo		Jogging 40 min (in 5:20 min/km)	7
Di		Jogging 70 min (in 5:20 min/km)	13
Mi		Dauerlauf 100 min (in 5:00 min/km)	20
Do		Jogging 70 min (in 5:20 min/km)	13
Fr		mittlerer Dauerlauf 90 min (in 4:30 min/km), Steigerungen	20
Sa		Jogging 70 min (in 5:20 min/km)	13
So	▶	langer Dauerlauf 36 km (in 5:00 min/km), Steigerungen	36

9. Woche (105 km)

Tag		Training	ca. km
Mo		Jogging 70 min (in 5:20 min/km)	13
Di		mittlerer Dauerlauf 10 km (in 4:30 min/km)	16
Mi		Jogging 40 min (in 5:20 min/km)	7
Do	▶◆▶	Marathontempo 3 x 5000 m in 19:30 min (Pause 10 min)	22
Fr		Jogging 40 min (in 5:20 min/km)	7
Sa		Jogging 70 min (in 5:20 min/km)	13
So	▶	langer Dauerlauf 27 km (in 5:00 min/km), Steigerungen	27

10. Woche (86 km)

Tag		Training	ca. km
Mo		Jogging 60 min (in 5:20 min/km)	11
Di		Jogging 40 min (in 5:20 min/km)	7
Mi	▶◆▶	Marathontempo 3 x 1500 m (in je 5:51 min, Pause 2 min)	10
Do		Dauerlauf 8 km (in 5:30 min/km), Steigerungen	8
Fr		—	–
Sa		Jogging 30 min, Steigerungen	6
So	▶▶	**Marathon** (Zielzeit 2:44 Std.)	44

▶ = langer Dauerlauf ▶▶ = Tempolauf oder Wettkampf ▶◆▶ = Intervalltraining **FSP** = Fahrtspiel
Bei Wettkämpfen und Tempoeinheiten sind bei den Tageskilometern Kilometer für langsames Ein- und Auslaufen mit einberechnet. Alternativ: Training nach Herzfrequenz (siehe Abbildung Seite 36). Weitere Erläuterungen siehe Text

© Steffny, Pramann – Perfektes Marathontraining, Südwest Verlag 2006

10-Wochen-Plan für **Marathon** – Zielzeit unter **2:30 Stunden**

1. Woche (141 km)

Tag		Training	ca. km
Mo		Jogging 70 min (in 5:00 min/km)	14
Di	▶▸▶	5 x 1000 m (in je 3:12 min/km, Trabpause 400 m)	15
Mi		Jogging 45 min / Dauerlauf 70 min (in 4:30 min/km)	25
Do		Dauerlauf 70 min (in 4:20 min/km)	16
Fr	▶▶	Jogging 45 min / flotter Dauerlauf 10 km (in 3:40 min/km)	27
Sa		Jogging 70 min (in 5:00 min/km)	14
So	▶	langer Dauerlauf (in 4:40 min/km)	30

2. Woche (151 km)

Tag		Training	ca. km
Mo		Jogging 70 min (in 5:00 min/km)	14
Di	▶▸▶	Marathontempo 5 x 2000 m (in je 7:00 min, Trabpause 800 m)	15
Mi		Dauerlauf 105 min (in 4:40 min/km)	22
Do		Jogging 45 min / Dauerlauf 70 min (in 4:20 min/km)	25
Fr	▶▶	mittlerer Dauerlauf 12 km (in 4:00 min/km)	18
Sa		Jogging 45 min / Dauerlauf 70 min (in 4:30 min/km)	25
So	▶	langer Dauerlauf (in 4:40 min/km)	32

3. Woche (126 km)

Tag		Training	ca. km
Mo		Jogging 70 min (in 5:00 min/km)	14
Di	▶▸▶	10 x 400 m (in je 74 sek, 200 m Trabpause)	15
Mi		Jogging 45 min / Dauerlauf 70 min (in 4:20 min/km)	25
Do	▶▶	mittlerer Dauerlauf 15 km (in 4:00 min/km)	20
Fr		Jogging 45 min / Dauerlauf 70 min (in 4:20 min/km)	25
Sa		Jogging 50 min, Steigerungen	10
So	▶▶	**10-km-Aufbauwettkampf** (Zielzeit 33:00 min)	17

4. Woche (154 km)

Tag		Training	ca. km
Mo		Jogging 45 min / Dauerlauf 70 min (in 4:40 min/km)	24
Di		langer Dauerlauf (in 4:40 min/km), wellig	23
Mi		Jogging 45 min / Dauerlauf 70 min (in 4:20 min/km)	25
Do		Jogging 70 min (in 4:45 min/km)	15
Fr	▶▸▶	3 x 3000 m in 10:00 min (Pause 4 min)	18
Sa		Jogging 70 min (in 5:00 min/km)	14
So	▶	langer Dauerlauf 35 km (in 4:30 min/km), Steigerungen	35

5. Woche (94 km)

Tag		Training	ca. km
Mo		Jogging 70 min (in 5:40 min/km)	12
Di	▶▸▶	5 x 1000 m (in 3:10 min/km, Trabpause 400 m)	15
Mi		Dauerlauf 90 min (in 4:45 min/km)	19
Do		Dauerlauf 70 min (in 4:40 min/km), Steigerungen	15
Fr		Jogging 50 min, Steigerungen	10
Sa		Jogging 30 min, Steigerungen	6
So	▶▶	**10-km-Test voll gelaufen** (Zielzeit unter 32:00 min)	17

© Steffny, Pramann – Perfektes Marathontraining, Südwest Verlag 2006

10-Wochen-Plan für **Marathon** – Zielzeit unter **2:30 Stunden**

6. Woche (97 km)

Tag		Training	ca. km
Mo		Jogging 50 min (in 5:00 min/km)	10
Di		Dauerlauf 70 min (in 4:20 min/km)	16
Mi	FSP	leichtes (!) Fahrtspiel (0,5/1/0,5/1/0,5 km)	14
Do		Dauerlauf 60 min (in 4:30 min/km), Steigerungen	14
Fr		Jogging 50 min, Steigerungen	10
Sa		Jogging 30 min, Steigerungen	6
So	▶▶	**Halbmarathontest** (Zielzeit unter 1:11 Std.)	27

7. Woche (158 km)

Tag		Training	ca. km
Mo		Jogging 45 min / 70 min (in 4:40 min/km)	24
Di		lockerer langer Dauerlauf (in 4:50 min/km)	25
Mi		Jogging 45 min / Dauerlauf 70 min (in 4:40 min/km)	24
Do	FSP	leichtes (!) Fahrtspiel (0,5/1/2/1/0,5 km)	15
Fr		Dauerlauf 70 min (in 4:20 min/km)	16
Sa		Dauerlauf 70 min (in 4:30 min/km)	16
So	▶	langer Dauerlauf (in 4:30 min/km), locker	38

8. Woche (152 km)

Tag		Training	ca. km
Mo		Jogging 70 min (in 5:00 min/km)	14
Di	▶▶	mittlerer Dauerlauf 20 km (in 4:00 min/km)	25
Mi		Jogging 45 min / Dauerlauf 70 min (in 4:20 min/km)	25
Do	▶◆▶	5 x 1000 m (in je 3:15 min/km, 400 m Trabpause)	15
Fr		Dauerlauf 70 min (in 4:20 min/km)	16
Sa		Jogging 45 min / Dauerlauf 70 min (in 4:20 min/km)	25
So	▶▶	Crescendo (je 10 km in 4:30, 4:00 min und 5 km in 3:45, 3:30 min)	32

9. Woche (117 km)

Tag		Training	ca. km
Mo		Jogging 50 min (in 5:30 min/km)	9
Di		Dauerlauf 70 min (in 4:20 min/km)	16
Mi		Dauerlauf 70 min (in 4:20 min/km)	16
Do	▶◆▶	Marathontempo 3 x 5000 m in 17:30 min (Pause 8 min)	22
Fr		Jogging 50 min	10
Sa		Dauerlauf 70 min (in 4:20 min/km)	16
So	▶	langer Dauerlauf 28 km (in 4:40 min/km), Steigerungen	28

10. Woche (97 km)

Tag		Training	ca. km
Mo		Jogging 60 min	12
Di		Dauerlauf 70 min (in 4:30 min/km), Steigerungen	15
Mi	▶◆▶	Marathontempo 3 x 1500 m (in 5:15 min, Pause 3 min)	10
Do		Jogging 50 min, Steigerungen	10
Fr		(Anreise)	–
Sa		Jogging 30 min, Steigerungen	6
So	▶▶	**Marathon** (Zielzeit 2:29 Std.)	44

▶ = langer Dauerlauf ▶▶ = Tempolauf oder Wettkampf ▶◆▶ = Intervalltraining **FSP** = Fahrtspiel
Bei Wettkämpfen und Tempoeinheiten sind bei den Tageskilometern Kilometer für langsames Ein- und Auslaufen mit einberechnet. Alternativ: Training nach Herzfrequenz (siehe Abbildung Seite 36). Weitere Erläuterungen siehe Text

© Steffny, Pramann – Perfektes Marathontraining, Südwest Verlag 2006

10-Wochen-Plan für **Marathon** – Zielzeit unter **2:20 Stunden**

1. Woche (154 km)

Tag		Training	ca. km
Mo		Jogging 62 min (in 5:30 min/km)	12
Di	▶	Jogging 45 min / 28 km (in 5:30 min/km), bergig	35
Mi	R	Jogging 45 min / Mountainbike 60 min / Dauerlauf 45 min	18
Do	R	Dauerlauf 65 min, bergig / Mountainbike 4 Std. / Jogging 60 min	24
Fr	R	Dauerlauf 60 min / Mountainbike 50 min / Dauerlauf 60 min	23
Sa	▶	langer Dauerlauf bergig (in 2:10 Std.) / Jogging 60 min	33
So		Jogging 50 min	9

2. Woche (153 km)

Tag		Training	ca. km
Mo		Jogging 40 min 5:50 / Jogging 30 min (in 6:00 min/km)	14
Di		Dauerlauf bergig 80 min / Dauerlauf 90 min	32
Mi	▶	Dauerlauf bergig 90 min / langer Dauerlauf 2:25 Std. (in 5:15 min/km)	43
Do		Jogging 45 min / Dauerlauf 30 min (in 5:00 min/km)	13
Fr	R	Jogging 30 min 6:00 / Mountainbike 4,20 Std.	5
Sa	▶▶	Jogging 30 min / **Bergsprintrennen** 5 km	23
So		Jogging 70 min / Dauerlauf 50 min	23

3. Woche (204 km)

Tag		Training	ca. km
Mo		Dauerlauf 96 min (in 4:30 min/km) / Dauerlauf 70 min (in 4:30 min/km)	38
Di	▶▶	Dauerlauf 70 min (in 4:40 min/km) / Dauerlauf flott 10 km (in 3:30 min/km)	32
Mi	▶	Dauerlauf 56 min (in 4:40 min/km) / langer Dauerlauf 2:31 Std. (in 4:45 min/km)	44
Do	▶▶	Dauerlauf 50 min (in 4:30 min/km) / Dauerlauf 90 min (in 5:00 min/km)	29
Fr		Dauerlauf 63 min (in 4:30 min/km)	14
Sa	▶▶	**10-km-Rennen** (Sieg in 31:14 min, heiß)	19
So		Jogging 70 min 5:30 / Jogging 70 min (in 5:30 min/km)	28

4. Woche (213 km)

Tag		Training	ca. km
Mo	▶	langer Dauerlauf 100 min (in 4:30 min/km)	25
Di	▶▶	Dauerlauf 73 min (in 4:30 min/km) / mittlerer Dauerlauf 38 min (in 3:30 min/km)	27
Mi		Dauerlauf 98 min (in 4:30 min/km) / Jogging 50 min	32
Do		Dauerlauf 96 min (in 4:30 min/km)	21
Fr	▶	Dauerlauf 65 min (in 4:00 min/km) / Dauerlauf 1:50 Std. (in 4:50 min/km)	38
Sa	FSP	Dauerlauf 70 min (in 4:30 min/km) / Fahrtspiel 60 min	30
So	▶	langer Dauerlauf 40 km 4:20 min/km), bergig	40

5. Woche (177 km)

Tag		Training	ca. km
Mo		Dauerlauf 45 min (in 4:20 min/km)	10
Di		Dauerlauf 97 min (in 4:30 min/km) / Dauerlauf 83 min (in 5:00 min/km)	38
Mi	▶•▶	Dauerlauf 45 min (in 4:30 min/km) / Marathontempo 3 x 5000 m (in 16:20 min)	36
Do		Dauerlauf 45 min (in 4:30 min/km) / Dauerlauf 86 min (in 5:15 min/km)	27
Fr		Dauerlauf 45 min (in 4:30 min/km)	10
Sa		Jogging 57 min (in 5:30 min/km)	10
So	▶	langer Dauerlauf 2:26 Std. (in 4:20 min/km) / Jogging 71 min (in 5:40 min/km)	46

© Steffny, Pramann – Perfektes Marathontraining, Südwest Verlag 2006

10-Wochen-Plan für **Marathon** – Zielzeit unter **2:20 Stunden**

6. Woche (163 km)

Tag		Training	ca. km
Mo		Dauerlauf 70 min (in 5:00 min/km)	14
Di	▶•▶	5 x 1000 m in 2:59 / Dauerlauf 66 min (in 4:20 min/km)	37
Mi		Dauerlauf 96 min (in 4:30 min/km) / Dauerlauf 53 min (in 4:20 min/km)	33
Do		Dauerlauf 96 min (in 4:30 min/km) / Dauerlauf 94 min (in 5:00 min/km)	40
Fr		Dauerlauf 41 min (in 4:30 min/km)	9
Sa		Dauerlauf 57 min (in 4:20 min/km)	13
So	▶▶	**10-km-Rennen** in 30:34 min	17

7. Woche (230 km)

Tag		Training	ca. km
Mo		Dauerlauf 40 min (in 4:40 min/km) / Dauerlauf 70 min (in 4:55 min/km)	22
Di	▶	langer Dauerlauf, bergig 4:40 min/km) / Dauerlauf 70 min (in 4:30 min/km)	45
Mi		Dauerlauf 87 min (in 4:35 min/km) / Dauerlauf 81 min (in 4:35 min/km)	36
Do	▶▶	Dauerlauf 71 min (in 4:30 min/km) / 15 km in 52:04 min (in 3:30 min/km)	42
Fr		Dauerlauf 48 min (in 4:45 min/km) / Dauerlauf 85 min (in 5:00 min/km)	26
Sa	▶▶	**9-km-Rennen** (Sieg in 28:35 min)	15
So	▶	langer Dauerlauf 2:53 Std. (in 3:54 min/km)	44

8. Woche (92 km)

Tag		Training	ca. km
Mo		Dauerlauf 82 min (in 4:45 min/km)	17
Di		Dauerlauf 40 min (in 4:30 min/km)	9
Mi	FSP	lockeres Fahrtspiel 56 min	14
Do		—	–
Fr		Dauerlauf 60 min (in 4:30 min/km)	13
Sa		Dauerlauf 45 min (in 5:00 min/km)	9
So	▶▶	**Halbmarathonrennen** (in 65:41min)	30

9. Woche (103 km)

Tag		Training	ca. km
Mo		Dauerlauf 60 min (in 4:30 min/km)	13
Di	FSP	leichtes Fahrtspiel 71 min	15
Mi	▶	langer Dauerlauf 2:24 Std. (in 4:30 min/km)	32
Do		—	–
Fr	FSP	Fahrtspiel 50 min (in 3:20–3:50 min/km) / Jogging 33 min	18
Sa		Jogging 42 min / Jogging 50 min	16
So		Jogging 50 min	9

10. Woche (101 km)

Tag		Training	ca. km
Mo		Dauerlauf 60 min (in 4:35 min/km)	13
Di	▶•▶	Marathontempo 3 x 1000 m (in 3:10 min/km, Pause 3 min)	15
Mi		Dauerlauf 52 min (in 4:20 min/km)	12
Do		Jogging 30 min, Steigerungen	6
Fr		Jogging 30 min, Steigerungen	6
Sa		Jogging 25 min, Steigerungen	5
So	▶▶	**Twin City Marathon, USA** (in 2:18:35 Std.)	44

▶ = langer Dauerlauf ▶▶ = Tempolauf oder Wettkampf ▶•▶ = Intervalltraining **FSP** = Fahrtspiel **R** = Radtraining. Bei Wettkämpfen und Tempoeinheiten sind bei den Tageskilometern Kilometer für langsames Ein- und Auslaufen mit einberechnet. Weitere Erläuterungen siehe Text

© Steffny, Pramann – Perfektes Marathontraining, Südwest Verlag 2006

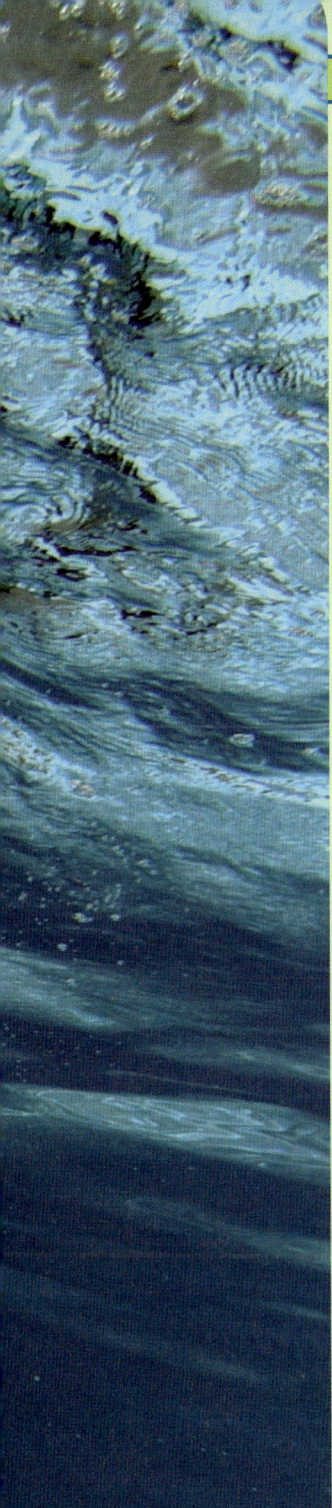

Trainings-ergänzungen

▸ Stretching und Kräftigungsgymnastik – unerlässlich für das Training

▸ Was Crosstraining für den Marathon bringt: Schwimmen, Inlineskating, Aqua-jogging, Skilanglauf und Training auf dem Laufband

Laufen und mehr

Das Lauftier Mensch kann viel von anderen Tieren lernen. Haben Sie schon einmal beobachtet, wie sich Hund oder Katze verhalten, ehe sie in die Gänge kommen? Richtig, sie recken, strecken und dehnen sich, sie bringen die Muskeln, die sie gleich gebrauchen werden, instinktiv in natürliche Spannung.

Dehnen und kräftigen

Dehnungsübungen bauen Verspannungen in der Muskulatur ab, fördern die Durchblutung und damit die Regeneration, verbessern die Beweglichkeit und den Laufstil und verringern die Verletzungsanfälligkeit. Kräftigungsübungen gleichen Defizite aus. Laufen trainiert die Bauchmuskeln z. B. nur wenig. Durch einseitig betriebene Tätigkeiten in Beruf oder Sport sind einzelne Muskeln verkürzt oder gestärkt, ihre Gegenspieler (Antagonisten) für eine Bewegung verkümmern dagegen. Früher oder später kann diese »muskuläre Dysbalance« zu schmerzhaften Problemen wie Rückenbeschwerden führen. Eine starke Rumpfmuskulatur entlastet die Wirbelsäule beim Abfedern des beim Laufen aufzufangenden Körpergewichts. Gymnastik fördert auch das Balancegefühl und hilft gegen Verspannungen nach dem Sport.

Nach jedem Lauftraining sollten Sie regelmäßig das nachfolgende Gymnastikgrundprogramm absolvieren, am besten in einer entspannten Atmosphäre, wenn die Muskulatur noch etwas warm ist. Wenn Sie »kalt« dehnen, gehen Sie ein höheres Verletzungsri-

Erst aufwärmen
Läufer sind oft ausgesprochen steif in der Muskulatur. Wer versucht, aus dem Stand sofort Höchstleistungen zu bringen, überfordert seinen Körper und steigert nur eines: das Verletzungsrisiko.

siko ein. Die frühmorgendliche »Hau-Ruck-Gymnastik« ist out. Nach harten Laufbelastungen oder Wettkämpfen sollte man nur sehr vorsichtig dehnen. Die hier dargestellten zwölf Übungen sind überall, auch auf Reisen, einfach und ohne Fitnessstudio durchzuführen. Das Grundprogramm lässt sich nach Ihren speziellen Anforderungen erweitern. Dehnen oder »Stretchen« soll muskuläre Verspannungen lösen und psychisch entspannend wirken. Läufer sind meist ausgesprochen steif in der Muskulatur. Aber mit geduldigem Bemühen kann man schon nach einigen Wochen regelmäßiger Gymnastik gute Fortschritte erzielen. Gleiten Sie langsam in die Dehnung hinein, und stretchen Sie nur so weit, bis Sie ein deutliches Ziehen, keinesfalls aber Schmerzen verspüren. Sie kontrollieren damit Ihr Training individuell. Dehnen Sie ohne zu wippen ca. 15 bis 20 Sekunden. Wiederholen Sie jede Übung dreimal auf beiden Seiten, bevor Sie zur nächsten übergehen. Dehnen Sie Ihre »Problemstellen« häufiger. Achten Sie immer auf saubere Durchführung, und atmen Sie ruhig. Nach dem Dehnen sollten die Kraftübungen folgen.

Dehnungsübungen

Oberflächlicher Wadenmuskel und Achillessehne *(Musculus gastrocnemius)*

Mit den Händen an einem Baum, einer Wand oder dergleichen abstützen, ein Bein gestreckt weit nach hinten schieben, dabei die Ferse flach aufsetzen, Körper gerade halten **1**. Sehr wichtig zur Vermeidung von Achillessehnenbeschwerden.

Tiefer Wadenmuskel und Achillessehne *(Musculus soleus)*

Das zu dehnende Bein nach hinten setzen, leicht in die Hocke gehen, Ferse bleibt flach aufgesetzt **2**. Auch wichtig zur Vermeidung von Achillessehnenbeschwerden.

Rückseitige Oberschenkelmuskulatur *(Ischiocrurale Muskeln)*

Ferse auf eine nicht zu hohe Auflage setzen, Knie leicht beugen und Oberkörper mit geradem Rücken nach vorne beugen, um die Bandscheiben nicht zu sehr zu belasten **3**. Tipp: Durch Ändern des Kniewinkels erreichen Sie tiefere oder höhere Anteile der Muskelgruppe. Verspannungen und Verhärtungen in diesem Bereich können nicht selten zum Muskelfaserriss oder zu einer Zerrung führen!

Vorderseitige Oberschenkelmuskulatur *(Musculus quadriceps)*

Im Stand ein Bein anwinkeln, am Fußgelenk umfassen und zum Gesäß ziehen, dabei Hohlkreuz durch Anspannen der Gesäß- und Bauchmuskulatur vermeiden **4**. Bein bei der Übung nicht seitlich ziehen, gerade stehen. Die Übung schult auch das Balancegefühl.

Dehnungsübungen

Innenseite der Oberschenkel, Schenkelanzieher *(Adduktorenmuskeln)*

Bei dieser Übung vorsichtig aus dem Stand in die Grätsche gleiten [5], Hohlkreuz durch Anspannen der Rumpfmuskulatur vermeiden, nach 20 Sekunden nach vorne vorbeugen und mit den Händen abstützen, um andere Anteile der Adduktorengruppe zu dehnen [6].

Hüftbeugermuskel *(Musculus iliopsoas)*

In den Ausfallschritt gehen, hinteres Bein gestreckt zurückschieben, dabei nicht seitlich drehen. Der vordere Unterschenkel steht senkrecht zum Boden, der Oberkörper bleibt aufrecht [7].

Der Hüftbeugermuskel ist oft stark verkürzt, was zu Rückenbeschwerden führen kann.

Gesäßmuskulatur *(v.-a. Musculus glutaeus maximus, Musculus piriformis)*

In Rückenlage ein Bein anwinkeln, am Fußgelenk ergreifen und seitlich zur gegenüberliegenden Schulter ziehen. Das Knie sollte im rechten Winkel, das andere Bein sollte gestreckt bleiben. Das Becken liegt flach auf [8]. Ein verhärteter Musculus piriformis kann den unter ihm verlaufenden Ischiasnerv möglicherweise schmerzhaft abklemmen. Bei diesem Pseudoischias strahlen Schmerzen in die Oberschenkelrückseite aus.

Dehnungs- und Kräfigungsübungen

Brustmuskulatur *(v.a. Musculus pectoralis major)*

An Baum, Laternenmast oder Türrahmen mit gewinkeltem Arm anlehnen **9**, einen Schritt vorgehen, Brust nach vorne schieben. Diese Übung dehnt die durch häufige Arbeit im Sitzen verkürzten Brustmuskeln und verbessert die Armhaltung beim Laufen in Ergänzung zur nächsten Übung.

Kräftigungsübungen

Rückenmuskulatur

Aus dem »Vierfüßlerstand« diagonal linken Arm und rechtes Bein in die Waagerechte anheben **1** und bis zur Ermüdung halten, dabei das Becken

nicht hoch drehen, Hohlkreuz vermeiden; einige Wiederholungen für beide Seiten.

Bauchmuskulatur

In Rückenlage Beine anwinkeln und entspannen, nur die Schultern von der Unterlage abheben und halten, die Lendenwirbelsäule bleibt flach am Boden. Einige Wiederholungen jeweils bis zur Ermüdungsgrenze **2**. Bauchmuskeltraining stabilisiert die Beckenhaltung und hilft bei zu schwacher Zwerchfellmuskulatur gegen Seitenstechen.

Schulterblattmuskeln, Schulterblattfixatoren

Eine Fußlänge entfernt an einer Wand stehen. Angelehnten Körper mit den im rechten Winkel abstehenden Ellbogen von der Wand abdrücken. Arme dabei nicht absinken lassen **3**. Verbessert Armhaltung beim Laufen (siehe auch vorige Übung) und aufrechte Oberkörperhaltung.

Kräftigungsübungen

Seitliche Rumpfmuskulatur

In gestreckter Körperhaltung Hüfte anheben und in den Seitstütz gehen, Position eine Weile halten **4**; bei schlechterem Trainingszustand zur Verein-fachung der Übung das obere Bein vorsetzen **5**. Einige Wiederholungen für beide Seiten.

Radfahren

Radfahren und Laufen sind zwei sportliche Disziplinen, die enorm voneinander profitieren können.

▸ Beim Radfahren wird die Oberschenkelmuskulatur (Quadrizeps) gekräftigt, die Sauerstoffaufnahmekapazität deutlich erhöht und die mentale Härte ausgebildet.

▸ Das Körpergewicht wird vom Sattel getragen. Dadurch werden die Gelenke wesentlich geringer belastet.

▸ Sie können als Radfahrer viel länger unterwegs sein.

▸ Radtraining überbrückt Zwangspausen, z. B. bei Fußverletzungen.

▸ Der Puls beim Radfahren ist rund 15 Schläge pro Minute niedriger als beim Laufen. Wissenschaftliche Untersuchungen haben ergeben, dass Sie mit Radtraining Ihre Laufleistung um bis zu neun Prozent verbessern können. Aber übertreiben Sie nicht. Häufigster Fehler ist, sich mit zu schweren Gängen abzuquälen. Eine höhere Trittfrequenz von 90 bis 110 Umdrehungen pro Minute ist viel wirkungsvoller.

Inlineskating

Inlineskaten eignet sich hervorragend, um Herz und Kreislauf fit zu halten, Geschicklichkeit, Gewandtheit und Gleichgewichtsgefühl zu fördern. Sie stimulieren ebenfalls die Beinmuskulatur.

Durch das notwendige Pendeln der Arme wird diese fürs Laufen wichtige Muskelgruppe trainiert.

Aquajogging

Mag sein, dass es langweilig ist, trotzdem bewährt sich Aquajogging besonders bei oder nach Verletzungen als gelenkschonendes Aufbau- und Ausdauertraining. Die gesamte Körpermuskulatur wird beim Aquajogging gekräftigt. Ein spezieller Auftriebsgürtel, der Aquajogger, sorgt für einen stabilen Schwebezustand im Wasser. Ihre Herzfrequenz wird, je nach Wassertemperatur, geringer sein als an Land, die Regeneration geht schneller.

Schwimmen

Schwimmen trainiert zahlreiche Muskelgruppen und schult Ausdauer sowie Koordinationsfähigkeit. Die Bewegung im Wasser stimuliert das Herz-Kreislauf-System, belastet es aber durch die relative Schwerelosigkeit im Wasser geringer als das Laufen. Schwimmen härtet ab, stärkt das vegetative Nervensystem und ist äußerst schonend für Gelenke und Wirbelsäule.
Zwei optimale Trainingseinheiten wären beispielsweise:
▶ Schwimmen Sie bis zu 1 Stunde lang. Alle 5 Minuten machen Sie 1 Minute lang Tempo.
▶ Schwimmen Sie 1/2 Stunde. Zunächst 15 Minuten in ruhigem Tempo (zum Aufwärmen), dann 2 Minuten fast so schnell Sie können, dann immer abwechselnd 2 Minuten langsam, 2 Minuten schnell, 4-mal hintereinander.

Laufband

Der unbestreitbare Vorteil des Laufbands liegt in seiner Wetterunabhängigkeit; Sie können darauf bei gleichbleibenden Bedingungen trainieren, wenn es draußen duster, windig oder besonders kalt ist oder Sie Hügeltraining ohne hartes Bergablaufen simulieren wollen (der Steigungsgrad lässt sich bequem einstellen). Als Trainingseinheit wäre Folgendes optimal:
▶ 10 Minuten locker warm laufen
▶ 10 Minuten intensives Tempo laufen (zu 3 Intervallen)
▶ Dazwischen jeweils 4 Minuten locker traben
▶ Zum Schluss 10 Minuten auslaufen

Skilanglauf

Beim Skilanglauf werden die Beine ständig beansprucht, und Arme und Rumpf werden durch den Stockeinsatz mehr als beim Laufen trainiert. Durch das Gleiten in der Loipe entfällt die Stauchbelastung, Sie können länger unterwegs sein. Allerdings fehlt der kräftige Abdruck bei jedem Schritt. Insofern sind die Bewegungsabläufe beim Laufen und Skilanglaufen nur bedingt vergleichbar. Ein sinnvolles Skilanglauftraining verläuft wie folgt:
▶ Erst 15 Minuten locker einlaufen
▶ Dann 20 Minuten mit intensiver Belastung gleiten
▶ Schließlich 15 Minuten locker auslaufen

Wintertraining
Wenn es sich im Winterurlaub einrichten lässt oder wenn Sie in einer schneesicheren Gegend wohnen, sollten Sie Skilanglauf als Trainingsergänzung erwägen. Es trainiert nicht nur Herz und Kreislauf, sondern auch Beine, Arme und Rumpf.

Ernährung – Power für den Marathon

- ▸ Leistung geht durch den Magen

- ▸ Welche Rolle Kohlenhydrate, Fett, Eiweiß, Vitamine und Mineralstoffe spielen

- ▸ Wann die Wasserbilanz stimmt

- ▸ Nach dem Laufen: Essen Sie sich fit!

Ernährungs-
grundlagen

Fitnessjogging kann man auch mit einer mäßigen Kost betreiben. Aber den Stellenwert einer optimalen und vollwertigen Ernährung werden Sie umso mehr erkennen, wenn Sie – wie beim Marathontraining – an Ihre Leistungsgrenzen gehen.

Sprit für Körper und Geist

Eine richtige Ernährung ist im Rahmen des Marathontrainings die grundlegende Voraussetzung dafür, das optimale Wettkampfgewicht zu erreichen, möglichen Erkrankungen vorzubeugen, die aufgebrauchten Energiespeicher wieder aufzufüllen und nach dem Training oder dem Wettkampf schneller zu regenerieren. Sie muss Baustoffe für Auf- und Umbau des Körpers liefern, die sportliche und geistige Leistungsfähigkeit und die Stressbelastbarkeit gezielt erhöhen.

Ernährungswissenschaftler umschreiben die heutige Durchschnittskost als »Mangel im Überfluss«: Es werden zu viele Kalorien, zu viel Industriezucker, zu viel tierisches Fett und Eiweiß, zu viel Kochsalz und Alkohol aufgenommen. Wichtige Nahrungsbestandteile fehlen. Gesünder is(s)t also besser: Statt mit Pillen oder Diäten Auswege zu suchen, ist es anzuraten, die Ernährung konsequent umzustellen – und zwar dauerhaft.

Damit es läuft
Gezieltes Trinken und ausreichende Zufuhr von Vitaminen, Mineralien und Spurenelementen lassen den Stoffwechsel reibungslos laufen.

Wo die Kalorien herkommen

Marathonläufer sind bezüglich der Ernährung oft bereits sensibilisiert. Die Empfehlungen der Deutschen Gesellschaft für Ernährung decken sich mit denen für Ausdauersportler. Die optimale Ernährung des Läufers ist somit vorbildlich für alle. Vergleicht man die Vorgaben der Ernährungswissenschaftler aber mit der tatsächlichen Ernährung, stellt man schnell fest, dass bei uns zu fett gegessen wird.

Bodymass-Index und Körperfett

Der Bodymass-Index (BMI) zeigt an, ob Ihr Gewicht zu Ihrer Größe passt. Er wird so ermittelt: Körpergewicht in Kilogramm geteilt durch das Quadrat der Körpergröße in Meter. Ein Mann hätte bei 72 Kilogramm und 1,80 Meter Größe einen BMI von $72 : (1,8 \times 1,8) = 22,2$. Leistungsläufer liegen oft im unteren Sollwertbereich.

▸ BMI-Sollwerte Männer: 20 bis 25

- BMI-Sollwerte Frauen: 19 bis 24
- Untergewicht: unter 19
- Übergewicht: über 25
- Fettsucht (Adipositas): über 30

Körperfettmessung

Der Körperfettanteil, das Verhältnis von passivem Fett- zu aktivem Muskel- und Organgewebe, wird aber beim Wiegen oder beim Bodymass-Index nicht berücksichtigt. Erst eine Körperfettmessung zeigt den wahren Fitnesszustand, denn schlank sein muss nicht fit heißen! Übergewicht und Körperfett über 25 Prozent bei Männern und über 35 Prozent bei Frauen sind nicht nur gesundheitlich bedenklich und im Marathontraining Ballast, sondern erhöhen auch die orthopädischen Risiken.

Bleistifte und Radiergummis

Sicherlich bringen Eliteläufer von Natur aus eine schlankere Konstitution mit als der Durchschnittsbürger; sie haben niedrigere Körperfettwerte (Männer 5 bis 13, Frauen 12 bis 20 Prozent) und daher ein günstiges Kraft-Last-Verhältnis. Weiter hinten im Läuferfeld kommen die normalen und dann die etwas schwereren Damen und Herren. Bei über 80 Kilogramm spricht man sogar von Maratonnis. Dass es sich dabei nicht immer nur um Muskeln handelt, zeigen eigene Untersuchungen an 254 Männern. Bei gleicher durchschnitt-

licher Größe von 1,80 Meter hat die Gruppe der Läufer, die die 10-Kilometer-Wettkampfdistanz in 30 bis 35 Minuten laufen kann, nur ein Durchschnittsgewicht von 68 Kilogramm und Körperfettwerte von zwölf Prozent. Die Läufer, die 55 bis 60 Minuten über die 10-Kilometer-Strecke brauchen, haben ein Durchschnittsgewicht von 84 Kilogramm und einen Körperfettgehalt von 22 Prozent, worin natürlich eine Leistungsreserve liegt.

Nährstoffdichte

Die Qualität von Lebensmitteln lässt sich nach ihrer Nährstoffdichte bewerten. Sie gibt an, wie viel Vitamine, Mineralstoffe und Spurenelemente wir

> Wo kommen die Kalorien beim Durchschnittsbürger her? Ernährungswissenschaftler empfehlen auch Normalbürgern die Kost für Ausdauersportler: weniger Fett und Alkohol, dafür mehr Kohlenhydrate.

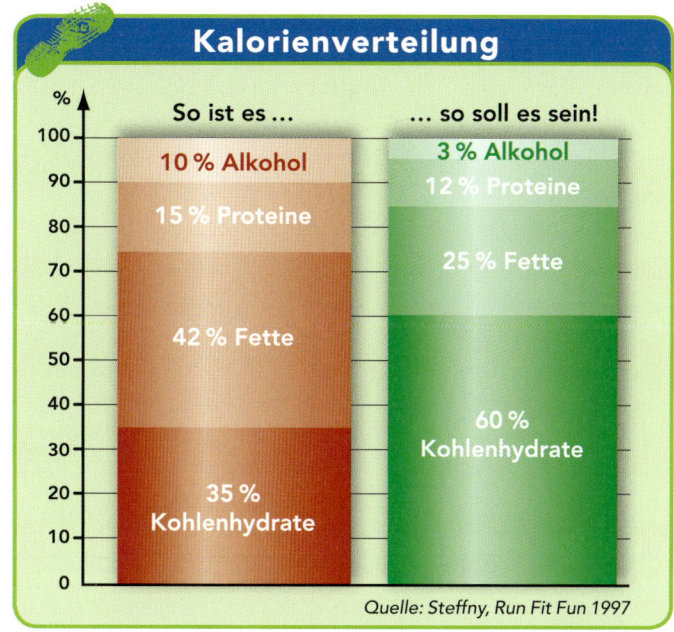

Kalorienverteilung

So ist es …

- 10 % Alkohol
- 15 % Proteine
- 42 % Fette
- 35 % Kohlenhydrate

… so soll es sein!

- 3 % Alkohol
- 12 % Proteine
- 25 % Fette
- 60 % Kohlenhydrate

Quelle: Steffny, Run Fit Fun 1997

pro Kalorie aufnehmen. Zucker und Alkohol sind Beispiele für so genannte leere Kalorien. Wenn Sie Lebensmittel mit hoher Nährstoffdichte essen, brauchen Sie keine Pillen. Vergleichen Sie Süßigkeiten wie Vollmilchschokolade und Trockenfeigen bei gleicher Kalorienzahl, so können Sie die doppelte Menge Feigen essen und erhalten ein Vielfaches mehr an wertvollen Nährstoffen bei erheblich weniger Fett.

Vollkornbrot hat beispielsweise etwa zwei- bis viermal so viele Nährstoffe wie Weißbrot – bei gleichem Kaloriengehalt. Weitere nährstoffdichte Kohlenhydratquellen sind Obst, Gemüse und Kartoffeln.

Kohlenhydrate – Superbenzin für die Muskeln

Kohlenhydrate werden von grünen Pflanzen bei der Photosynthese aus Kohlendioxid und Wasser mit Hilfe von Sonnenlicht gebildet. Durch Verknüpfung von Einfachzuckern wie Traubenzucker (Glukose) und Fruchtzucker (Fruktose) entstehen Zweifachzucker wie Rohrzucker oder Mehrfachzucker und langkettige Moleküle wie Stärke, Glykogen und die teilweise unverdaulichen Faser- oder Ballaststoffe wie Pektine und Zellulose. Die Kohlenhydratspeicher des Ausdauersportlers (die Glykogendepots in Muskel und Leber) sind begrenzt und müssen ständig aufgefüllt werden. Enthält die Alltagskost (siehe Diagramm Seite 87) nur 35 Prozent Kohlenhydrate, so würde bei einem Sportprogramm von zwei Stunden täglich das Glykogendepot innerhalb einiger Tage verarmen. Um aber weiter trainieren zu können, muss beim Leistungsläufer der Kohlenhydratanteil der Nahrung auf etwa 60

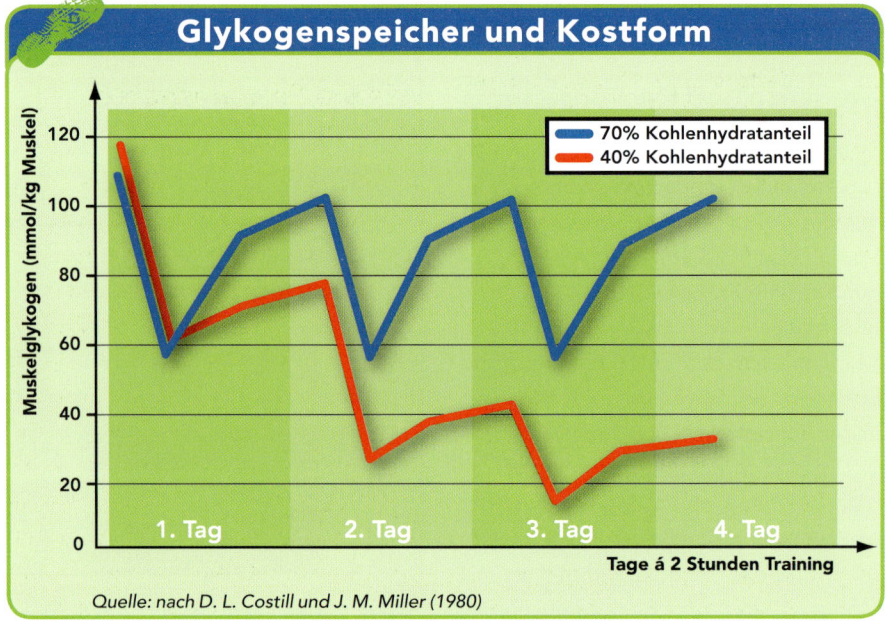

Nur wer sich kohlenhydratreich ernährt (blaue Kurve), kann das Glykogendepot im Trainingsalltag wieder auffüllen. Mit Durchschnittskost (rote Kurve) ist der Tank bei zwei Stunden Training täglich bald leer, ein intensives Training wird unmöglich.

Glykogenspeicher und Kostform

- 70% Kohlenhydratanteil
- 40% Kohlenhydratanteil

Muskelglykogen (mmol/kg Muskel)

1. Tag   2. Tag   3. Tag   4. Tag

Tage á 2 Stunden Training

Quelle: nach D. L. Costill und J. M. Miller (1980)

Prozent und mehr angehoben werden, das Glykogendepot kann sich wieder auffüllen.

Fette und Öle – so läuft es wie geschmiert

Fett ist ein Wärmepolster und ein leichter, aber großer Energiespeicher, der für mindestens 20 Marathonläufe reichen würde. Fette bestehen aus Glyzerin und Fettsäuren. Man unterscheidet je nach Zahl chemischer Doppelbindungen gesättigte und einfach oder mehrfach ungesättigte Fettsäuren. Essenzielle oder lebensnotwendige Fettsäuren wie Linolen- und Linolsäure müssen mit der Nahrung zugeführt werden. Aus ihnen werden Zellmembranen und Hormone gebildet. Einfach ungesättigte Fettsäuren mindern im Blut selektiv den schädlichen LDL-Cholesterinanteil, nicht aber die schützende HDL-Fraktion. Besonders wertvolle, aber kalorienreiche Fett- und Ölquellen sind Olivenöl (Ölsäure), Rapsöl, Leinöl, Distelöl, Maiskeimöl, Nüsse und Meeresfische wie Makrelen (sie enthalten die wertvollen Omega-3-Fettsäuren).

Die fettlöslichen Vitamine A (Vorstufe Beta-Karotin), D, E und K können im Darm nur in Gegenwart von Fett aufgenommen werden. Außerdem lösen sich viele Gewürzstoffe nur in Fett – ein Grund, warum fettfreies Essen nicht so gut schmeckt. Fette benötigen zu ihrem Abbau mehr Sauerstoff, liefern

Frisches Obst und Gemüse, am besten fünf Portionen täglich, stellt die Versorgung des Körpers mit Vitaminen und Mineralstoffen sicher.

aber pro Gramm mit neun Kilokalorien über doppelt so viel Energie wie Kohlenhydrate oder Eiweiße, die je vier Kilokalorien liefern. Um ihren wahren Energiegehalt zu erahnen, stellen Sie sich also jede Fettportion, z. B. den Speckrand beim Schinken, über doppelt so groß vor! Fette Speisen verlangsamen auch die Verdauung.

Wie Sie Fett einsparen können

Insbesondere tierische Fette mit hohem Anteil an gesättigten Fettsäuren und Cholesterin müssen zugunsten von Kohlenhydraten halbiert werden. Fette lauern versteckt in Käse, Fleisch, Wurst, Kuchen, Eis und Schokolade. Meiden Sie also fette Saucen. Ersetzen Sie fette Wurst durch mageren Schinken, oder lassen Sie wenigstens die Butter darunter weg. Nehmen Sie als Alternative zu Butter Magerquark als Aufstrich. Statt Cremetorte tut es auch ein Stück Obstkuchen am Nachmittag.

Wer Fleisch isst, sollte zum Biometzger gehen und mageres Geflügelfleisch oder Wild bevorzugen.

Nur in Maßen
Die Propaganda der Bierlobby spricht zu Unrecht vom flüssigen Brot. Dies mag bestenfalls auf das alkoholfreie Bier zutreffen. Übersteigerter Alkoholgenuss führt auf lange Sicht zur Schädigung der Magen- und Darmschleimhäute, zu Stoffwechselerkrankungen, Bluthochdruck, Herzmuskelschwäche bis hin zum Leberversagen.

Müsli – tut gut und gibt Power!

Fettärmere Kost erreichen Sie nicht nur bei der Auswahl der Lebensmittel, sondern auch bei ihrer Zubereitung: Grillen, Kochen und Dünsten sind wesentlich fettärmere Garmethoden als Braten oder Frittieren. Zudem sind diese Verfahren vitaminschonender.

Eiweiß – es muss nicht immer Fleisch sein

Wirkstoffe und Strukturelemente wie Enzyme, Hormone, Antikörper, Hämoglobin, Bindegewebe und Muskulatur bestehen aus Eiweißen. Sie sind im Körper einem ständigen Umbau unterworfen. Die Eiweiße des Menschen bestehen aus über 20 Aminosäuren, von denen wir acht mit der Nahrung aufnehmen müssen. Je nach Gehalt an diesen essenziellen Bausteinen haben Lebensmittel unterschiedliche biologi-

sche Wertigkeiten. Die höchsten Werte erzielen z. B. das Eiweiß von Eiern, Milch, Quark und Dorsch. Zwei Drittel der durchschnittlichen Proteinzufuhr besteht aus tierischem Eiweiß. Eine noch bessere Versorgung erzielen Sie durch geschickte Eiweißergänzung von pflanzlichen mit tierischen Lebensmitteln, wobei der pflanzliche Anteil die jeweils größere Portion sein sollte. Kombinieren Sie Pellkartoffeln mit Ei, Quark und Fisch mit Vollkorngetreide, Bohnen mit Vollkorngetreide, Bohnen mit Fisch oder Fleisch und Getreideflocken (Müsli) mit Milch.

Alkohol – Energielieferant und Droge

Alkohol (Äthanol) ist zwar ein weiterer Energielieferant, aber auch Droge Nummer eins in Deutschland. Beim Bier stammen über 60 Prozent der Kalorien vom Äthanol, beim Wein sind es sogar 84 Prozent. Der Pro-Kopf-Konsum von rund 68 Gramm am Tag (das sind 488 Kilokalorien!) der 20- bis 65-Jährigen ist viel zu hoch. Äthanol ist nicht nur eine leere Kalorienquelle, sondern auch ein Stoffwechselgift, das bereits im Magen schnell resorbiert wird. Geringe Mengen Alkohol (ein viertel Liter Wein, bis zu einem halben Liter Bier) gelten als gesund. Sei es der Äthanol selbst oder Inhaltsstoffe wie Flavonoide beim Wein, sie haben einen vor Gefäßverkalkung schützenden Effekt und wirken anregend.

Diese Befunde dürfen aber keinen Freibrief für ein Besäufnis darstellen. Aus den folgenden Gründen sollten Sie Ihren Alkoholkonsum reduzieren: Größere Mengen Alkohol bedeuten eine hohe Zufuhr leerer Kalorien, wirken harntreibend und stören dadurch den Wasser- und Mineralhaushalt. Sie beeinträchtigen das Nervensystem, verschlechtern Muskelkoordination und Potenz und führen beim Sportler zu einer verlangsamten Regeneration.

Vitamine – kleine Menge, große Wirkung

Vitamine sind lebensnotwendige Bestandteile unserer Nahrung, bei denen kleine Mengen große Wirkungen haben können. Man unterteilt sie in wasserlösliche (B-Komplex, C) und fettlösliche (A, D, E, K) Vitamine. Durch eine einseitige Ernährung (Fastfood, Süßigkeiten, Fertigessen), Abführmittel und bei Diäten kann es zur Unterversorgung kommen. Im Marathontraining ist der Vitaminbedarf erhöht. Die beim Sportler gleichzeitig erhöhte Kalorienzufuhr vermag aber bei vollwertiger Ernährung normalerweise diesen Mehrbedarf auszugleichen. Fettlösliche Vitamine werden im Fettgewebe gespeichert, während die wasserlöslichen ständig neu zugeführt werden müssen und ein Überschuss ausgeschieden wird. Bei den fettlöslichen Vitaminen ist daher auch die Gefahr einer Überdosierung größer.

So vermeiden Sie Vitaminverluste

Der Vitamingehalt der Nahrung hängt von der Art, Saison, Frische und Behandlung der Lebensmittel ab. Die wasserlöslichen Vitamine B1 und C können bei der Zubereitung leicht ausgeschwemmt werden, sind hitzeempfindlich und oxidieren an der Luft. Beim Toasten gehen beispielsweise 40 bis 50 Prozent an Vitamin B1 verloren. Es ist an der Energiegewinnung aus Kohlenhydraten beteiligt und daher für Ausdauersportler besonders wichtig. Der Bedarf ist bei kohlenhydratreicher Kost und starkem Alkoholkonsum erhöht. Fettlösliche Vitamine sind hingegen relativ hitzestabil.

Mineralstoffe und Spurenelemente

Mineralstoffe und Spurenelemente sind anorganische Bestandteile des Skeletts und beeinflussen als gelöste Elektrolyte die physikalischen und biochemischen Eigenschaften der Körperflüssigkeiten wie Nervenleitung, Muskelkontraktion und Pufferung gegen Säure-Basen-Schwankungen. Mineralstoffe sind auch Bestandteile von Enzymen. Beim Schwitzen verliert der Körper Elektrolyte wie Natrium, Kalium und überproportional viel Magnesium. Kalium ist notwendig zur Bildung des Glykogendepots. Magnesium ist ein Gegenspieler von Kalzium

Gemüse sollte vitaminschonend nur al dente gedünstet und nicht in viel Wasser zu weich gekocht werden.

und ein wichtiger Enzymaktivator im Energiestoffwechsel. Kalzium, Vitamin-B1-Mangel, Alkohol und fettreiche Nahrung beeinträchtigen die Aufnahme im Darm. Viel Magnesium ist in grünen Pflanzen, Hirse, Meeresfisch und in einigen Mineralwässern enthalten. Kalzium bildet mit Phosphat die Knochensubstanz. Einem Abbau von Knochensubstanz nach der Menopause, der so genannten Osteoporose, können Frauen durch Bewegung und rechtzeitige Kalziumaufnahme bereits in jüngeren Jahren vorbeugen.

Eisen – der Sauerstoff-spender

Vitamin C fördert die Aufnahme von Eisen im Darm. Gerbstoffe des Kaffees und schwarzen Tees behindern hingegen die Resorption von Mineralstoffen und Spurenelementen.

Eisen ist als Zentralatom des Hämoglobins (Blutfarbstoff) in den roten Blutkörperchen wesentlich am Transport von Sauerstoff und dessen kurzfristiger Speicherung im Muskel (Myoglobin) beteiligt. Eisenmangel hat daher fatale Folgen für Ausdauersportler. Durch die Monatsblutung haben Frauen einen höheren Eisenbedarf. Sehr eisenhaltig sind Fleisch, Vollkornprodukte und Hülsenfrüchte. Eisen aus tierischen Produkten wird besser aufgenommen als aus pflanzlichen Quellen.

Getränke – so stimmt die Wasserbilanz

Der Mensch besteht zu rund 60 Prozent aus Wasser. Von den täglich durchschnittlich aufgenommenen 2,5 Liter Flüssigkeit stammen 1,3 Liter von Getränken, 0,9 Liter aus der Nahrung und 0,3 Liter vom so genannten Oxidationswasser, das bei der Energiegewinnung aus Kohlenhydraten und Fetten frei wird. Starke Wasser- und Elektrolytverluste entstehen nicht nur beim Schwitzen, sondern auch durch harntreibend wirkende koffeinhaltige Getränke und Alkohol. Wer viel Bier und Kaffee trinkt, trocknet innerlich regelrecht aus. Diese Entwässerung (Dehydratation) führt zur Leistungseinbuße im Alltag und beim Sport.

Der Körper kann nur reibungslos funktionieren, wenn der Flüssigkeitshaushalt ausgeglichen ist. Wasser

▶ ist Kühlmittel (Schweiß) für den Stoffwechselmotor, sorgt für eine ausgeglichene Betriebstemperatur

▶ hilft bei der Müllentsorgung; es schwemmt die Stoffwechselreste (Kohlendioxid, Milchsäure) aus

▶ schmiert die Gelenke und bettet Gewebe und Organe ein

▶ löst Nährstoffe auf, transportiert sie zu Körperzellen und Organen

Empfehlenswerte Getränke für Läufer sind beispielsweise fettarme Milch, elektrolytreiche Mineralwässer, Früchtetees, Gemüsesäfte, Obstsäfte (nicht jedoch zuckerhaltiger »Nektar« und »Fruchtsaftgetränke«) und Fruchtsaftschorlen. Von diesen Getränken können Sie gerne »einen über den Durst trinken«. Über Nacht verlieren Sie viel Flüssigkeit durch Atmen, Schwitzen und Ausscheidung, deshalb sollten Sie schon morgens nach dem Aufstehen

Beim Wettkampf kann ein gut ausgewählter Sportdrink praktisch sein. Im Alltag sind Gemüsesäfte, magnesiumreiche Mineralwässer und Fruchtsaftschorles viel besser, billiger und vollwertiger.

ein großes Glas Saft oder Mineralwasser trinken.

Der Isodrink macht noch keinen Sportler

Die Anzeigen in Sportzeitschriften, die Sponsorenaufdrucke vieler erfolgreicher Sportler und die häufig von den Herstellern selbst finanzierten Studien erwecken oft den Anschein, als ob eine Apotheke von Antioxidanzien, Blütenpollen, Gelée royale, Koenzym Q10, Karnitin, Taurin, Guarana, Melatonin, Kreatin und anderen aufbauenden Präparaten unbedingt zur Grundernährung des Sportlers gehörte. Dem ist nicht so: Vitamin- und Mineralstoffgaben nutzen immer nur dann, wenn ein Mangel vorhanden ist. Je schlechter die Grundernährung, desto eher

wird eine Substitution tatsächlich etwas bringen. Aber aus natürlichen Lebensmitteln werden die Vitamine und Mineralien durch gleichzeitig vorhandene, aber schwer herzustellende Kofaktoren in der Regel effizienter aufgenommen. Ein Apfel ist eben mehr als die Summe der uns bekannten in ihm enthaltenen Bestandteile.

Substanzen wie Karnitin produziert der Körper seit Jahrmillionen selbst und nimmt sie mit Milch und Fleisch auf. Ein Versorgungsengpass kommt also im Normalfall gar nicht vor. Durch eine Überversorgung mit Pillen verlernt der Körper zudem, diese wichtigen Stoffe effizient aufzunehmen. Eine zusätzliche moderate Versorgung mit Eisen kann dagegen bei Frauen, Vegetariern oder beim Höhentraining angebracht sein.

Vor allem an heißen Tagen beginnen viele Sportler das Training oder den Wettkampf unbewusst mit einem Wasserdefizit, weil sie den nächtlichen Flüssigkeitsverlust nicht beachten.

Essen und Trinken rund ums Laufen

Gesunde Ernährung im Alltag ist eine wichtige Voraussetzung für eine optimale sportliche Leistungsfähigkeit. Stimmen Sie, wenn irgend möglich, die Mahlzeiten im Tagesverlauf auf Ihr anstehendes Training ab.

Mehrere kleine Mahlzeiten sind besser als drei große. Snacken Sie zwischendurch gesund mit Trockenobst, Frischobst, Obstkuchen, Müsli oder Joghurt. Unmittelbar vor, während oder nach dem Training bzw. Wettkampf isst ein Läufer jedoch anders. Die letzte leichte und kohlenhydratreiche Mahlzeit sollte spätestens zwei, besser drei Stunden vor dem Sport eingenommen werden. Viele Läufer haben eigene Rezepte. Probieren Sie es einfach aus: Geeignet, schnell verdaulich und wenig belastend sind Bananen, dünn mit Butter und Honig bestrichenes Weißbrot, Kartoffelpüree, zarte Haferflocken oder Grießbrei und weißer Reis. Trinken Sie über den ganzen Tag verteilt, aber nicht zu viel unmittelbar vor dem Laufen, um Seitenstechen zu vermeiden. Bei kühlem Wetter reicht ein halber Liter in den letzten zwei Stunden vor dem Lauf. Bei Wärme sollten Sie immer gut hydriert sein.

In den letzten Tagen vor einem Marathon ist das Auffüllen der Kohlenhydratvorräte (diesen Vorgang nennt man auch Kohlenhydratmast, carboloading oder Superkompensation) der Leber und Muskulatur ein Muss. Es gibt dazu drei verschiedene Varianten, die im Diagramm schematisch dargestellt sind. Der Name »Saltin-Diät« geht auf den Schweden Saltin zurück, der über diesen Zusammenhang geforscht hat.

Die Saltin- oder Schweden-Diät

▶ Die einfachste Prozedur erhöht nur in den letzten drei bis vier Tagen vor dem Lauf den Anteil der Kohlenhydrate auf über 70 Prozent (KH-Diät), indem man bei vermindertem Training Eiweiß und Fett in der Nahrung reduziert.

▶ Das zweite Verfahren setzt davor einen kurzen, nicht zu harten, flotten Lauf, der die Depots noch einmal leeren soll, was eine bessere Auffüllung zur Folge hat.

▶ Das dritte Verfahren besitzt theoretisch die größte Wirksamkeit. Man setzt vor das zweite Rezept drei möglichst kohlenhydratfreie Fett-Eiweiß-Tage (FE-Diät), die in der rabiatesten Form zusätzlich mit einem erschöpfenden längeren Lauf eingeleitet werden.

Ballaststoffarm
Vermeiden Sie unmittelbar vor dem Wettkampf auf jeden Fall fette oder ballaststoffreiche Lebensmittel. Während bei der Alltagskost Vollkornprodukte wertvoller sind, belasten und verzögern sie vor einem Training oder Wettkampf unnötig die Verdauung.

Bild links: Die große Erschöpfung nach der Wettkampfschlacht: Dieses Bild ging als »The Battle of Atlanta« in die Geschichte des Sportjournalismus ein.

Konkret würde die letzte Woche beim dritten Verfahren für einen Leistungsläufer so aussehen: Am Sonntag einen ruhigen 25- bis 30-Kilometer-Dauerlauf absolvieren, der das Glykogendepot entleert. Danach werden bei leichtem Jogging gesunde, kohlenhydratarme Lebensmittel verzehrt, z. B. Avocados, Eier, Fisch, Gurken, Hähnchen, Käse oder Tofu. Mittwochs folgt eine schnelle Einheit, die den Glykogenrest verheizt, z. B. dreimal 1000 Meter im Marathontempo. Von nun an wird wie beim ersten und zweiten Verfahren nur noch wenig gejoggt, es werden viele Kohlenhydrate (Reis, Brot, Bananen und anderes Obst, Gemüse, fettarme Pizza, Nudeln und Kartoffeln) zu sich genommen.

Während das erste Verfahren uneingeschränkt zu empfehlen ist, gilt dies nur bedingt für die dritte Extremform. Es bedarf eines Pferdemagens, die Fett-Eiweiß-Tage am Wochenanfang schadlos zu überstehen. Die Psyche wird einer harten Probe ausgesetzt, denn der Tempolauf am Mittwoch kann ein Fiasko werden, weil sich der Läufer geschwächt fühlt und sich nicht mehr vorstellen kann, in ein paar Tagen Marathon zu laufen. Wer viele lange Läufe im Training zuvor absolviert hat, wird im Vergleich zum ersten Verfahren die Glykogendepots ohnehin nur noch wenig mehr auffüllen können.

Die Pasta- oder Kartoffelparty

Am Nachmittag oder Abend vor einem Marathon kommen die Läufer zu einer

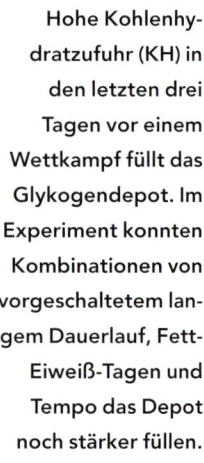

Hohe Kohlenhydratzufuhr (KH) in den letzten drei Tagen vor einem Wettkampf füllt das Glykogendepot. Im Experiment konnten Kombinationen von vorgeschaltetem langem Dauerlauf, Fett-Eiweiß-Tagen und Tempo das Depot noch stärker füllen.

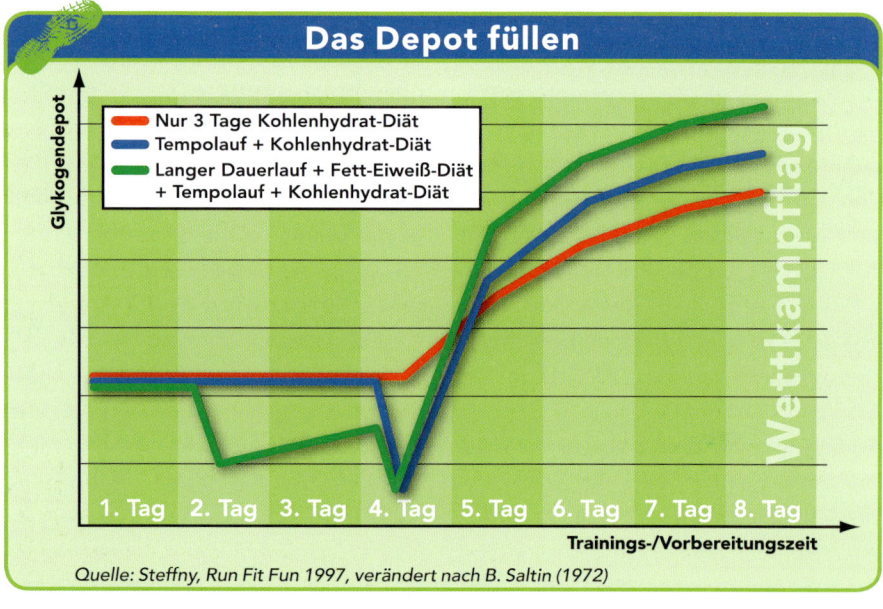

Das Depot füllen

Glykogendepot

- Nur 3 Tage Kohlenhydrat-Diät
- Tempolauf + Kohlenhydrat-Diät
- Langer Dauerlauf + Fett-Eiweiß-Diät + Tempolauf + Kohlenhydrat-Diät

Wettkampftag

1. Tag   2. Tag   3. Tag   4. Tag   5. Tag   6. Tag   7. Tag   8. Tag

Trainings-/Vorbereitungszeit

Quelle: Steffny, Run Fit Fun 1997, verändert nach B. Saltin (1972)

gemeinsamen Pasta- oder Kartoffel-party zusammen. Die Glykogendepots werden noch einmal tüchtig gefüllt. So können Sie für sich selbst und für Freunde eine Pastaparty ausrichten:

▶ Nehmen Sie Hartweizengrießnudeln statt Eiernudeln.

▶ Kochen Sie Tomatensaucen mit Kräutern.

▶ Nehmen Sie wenig Olivenöl, meiden Sie fette Saucen und Beilagen.

Trinken Sie dazu reichlich, denn die Glykogendepots werden mit Wasser gespeichert, das beim Laufen als Stoff-wechselwasser zur Verfügung steht.

Was soll ich während des Laufens zu mir nehmen?

Bei langen Trainingseinheiten von über einer Stunde kann Trinken vor allem bei warmem Wetter schon während des Laufens wichtig sein. Bei Was-sermangel riskieren Sie frühzeitigen Leistungseinbruch, sogar Krämpfe. Machen Sie sich zur Regel, bei Ren-nen über längere Distanzen bereits an der ersten Verpflegungsstation Was-ser oder ein Elektrolytgetränk zu sich zu nehmen. Wer sich selbst ein Wett-kampfgetränk (z. B. aus stillem Mineral-wasser, einer Prise Kochsalz und Oran-gensaft) mischen möchte, sollte darauf achten, dass der Kohlenhydratgehalt sieben Prozent nicht überschreitet (70 Gramm pro Liter).

Eliteläufer trinken nur. Wer länger un-terwegs ist, sollte frühzeitig auch Ba-nanenstücke oder Brot knabbern. Bei rechtzeitiger Aufnahme stehen die Kohlenhydrate der Muskulatur später im Rennen noch zur Verfügung.

So werden Sie hinterher wieder fit

Nach dem Marathon oder dem Trai-ning sind Sie zunächst erschöpft. Sie haben erst keinen großen Hunger, sollten aber möglichst bald den Durst stillen. Zu empfehlen sind Fruchtsäfte oder Mineralwässer, die Sie sich auch mitnehmen können. Die Veranstalter bieten oft Isogetränke an. Der Körper ist außerdem nach einem Wettkampf stark geschwächt und daher empfind-lich für eine Erkältung oder andere In-fektionskrankheiten.

Essen Sie als Nächstes etwas leicht Ver-dauliches und Kohlenhydratreiches. Ideal sind auch jetzt wieder eine Ba-nane, fettarmer Kuchen, Trockenobst und vollwertige Sportriegel. Die Gly-kogendepots lassen sich in den Stun-den nach einer Belastung am schnells-ten auffüllen.

Am Abend sollte eine fettarme, an Proteinen hochwertige Mahlzeit auf dem Tisch stehen. Wie wäre es z. B. mit gedünstetem Seelachsfilet, Pellkartof-feln und Brokkoli? Klar, wenn Sie eine Bestzeit o. Ä. zu feiern haben, können Sie das mit einem Gläschen Sekt, Wein oder Bier begießen. Neben viel Ruhe nach einem Wettkampf sollten Sie in den folgenden Tagen auf eine beson-ders gesunde Ernährung achten.

Carboloading
Bei dieser kohlen-hydratreichen Diät nehmen Sie ein paar Pfund zu, denn beim Aufbau des Depots speichern Sie nicht nur Kohlenhydrate, sondern lagern auch die etwa dreifache Menge Wasser ein. Trinken Sie also reichlich! Ausführ-liches Ernährungs-wissen, ein Super-Carboloadingrezept, dass besser als die Pastaparty ist und viele weitere Rezep-te finden Sie in dem Buch »Perfektes Lauftraining – Das Ernährungspro-gramm« von Steff-ny/Pramann/ Doll (Südwest Verlag).

Kleine Blessuren

▸ Achtung: Überlastung – die Warnsignale des Körpers

▸ Von Achillessehnenreizung bis Wolf – die häufigsten Beschwerden beim Marathon und was man dagegen tun kann

▸ Tipps und Tricks für die erfolgreiche Selbstmotivation

Die Gefahr
der Überlastung

Laufen sieht so spielerisch aus. Doch die Leichtigkeit täuscht. Beim Laufen sind ungeheure Kräfte im Spiel, auch wenn die Läufer ihre Trainingsrunden nur mit normalem Tempo drehen.

Aufsetzen, abrollen, abdrücken – enorm, was dabei die Füße und Beine aushalten müssen. Und zwar rund 1000-mal pro Kilometer.

Laufen ist Schwerstarbeit für den Körper. Wir sollten akzeptieren, dass unser Körper nur ein bestimmtes Maß an Beanspruchung verkraften kann.

Alles mit Maß!

Die Grenze ist individuell unterschiedlich. Sie hängt von Alter, Umfang und Intensität des Trainingspensums, vom Skelett und dem Anteil des Körperfetts, von der Wahl der richtigen Laufschuhe und natürlich vom allgemeinen Trainingszustand des Läufers ab.

Sie vermeiden Verletzungen ...

- ▶ Wenn Sie Ihr Training vernünftig und richtig dosieren
- ▶ Wenn Sie auf die Signale Ihres Körpers achten
- ▶ Wenn Sie Ihrem Körper Zeit zur Erholung geben
- ▶ Wenn Sie Überbeanspruchung so weit wie möglich vermeiden
- ▶ Wenn Sie regelmäßig Gymnastik, vor allem Stretching, betreiben
- ▶ Wenn Sie optimale Schuhe tragen
- ▶ Wenn Sie bei Dunkelheit, auf Schnee und Eis vorsichtig laufen

Trainingspensum mit Vernunft

Zu viel, zu oft, zu schnell – das sind die Trainingsfehler, die am häufigsten zu Verletzungen führen. Nach Trainingspausen müssen sich Muskulatur, Gelenke, Sehnen und Bänder erst wieder an die Belastung gewöhnen. Also: Bauen Sie Ihr Trainingsprogramm immer vorsichtig auf.

Das gilt besonders nach einer Verletzungspause. Steigen Sie mit halber Kraft wieder ein – reduzieren Sie Ihre Trainingsbelastung auf etwa 50 Prozent. Vor allem wenn Sie für längere Zeit ausgesetzt haben. Grundsätzlich gilt: Jeder hat seine Gesundheit selbst in der Hand.

Wenn der Körper (Schmerz-)Signale sendet

Schmerzen sind eine natürliche und wichtige Reaktion des Körpers, ein Warnzeichen, dass etwas nicht stimmt. Vermutlich verkraftet der Körper eine Belastung nicht, er bittet durch warnende Schmerzsignale um Ruhe und Schonung. Sie sollten diese Signale immer ernst nehmen. Fragen Sie sich selbstkritisch: »Habe ich falsch trainiert?« Laufen Sie auf keinen Fall gegen einen Schmerz an. Selbst einen scheinbar harmlosen Muskelkater sollten Sie nicht ignorieren.

Im Zweifelsfall zum Arzt

Wenn Sie heftige Schmerzen haben, sollten Sie sich umgehend von einem Sportmediziner untersuchen lassen.

Häufige Verletzungen

Wo verletzt	Männer	Frauen
Knie	23,0 %	21,3 %
Achillessehne/Wade	16,2 %	4,3 %
Mittelfuß	10,5 %	9,5 %
Zehennagel/Blasen	9,3 %	1,7 %
Hüften/Leiste	8,5 %	14,7 %
Ferse	8,2 %	4,0 %
Verstauchter Knöchel	6,5 %	13,3 %
Schienbein	6,0 %	20,0 %
Kniesehne	1,8 %	5,1 %
Rücken	1,8 %	2,0 %

Wie Sie Überbelastungen vermeiden können

Wenn Sie sich lustlos fühlen, wenn Sie schon vor dem Laufen erschöpft sind oder ein Stechen in der Muskulatur spüren – lassen Sie es langsam angehen. Auf jeden Fall sollten Sie Ihr Laufpensum reduzieren:

▶ Bei größerer Hitze (über 28 °C)
▶ Bei größerer Kälte (unter –10 °C)
▶ Bei hoher Luftfeuchtigkeit (über 80 bis 85 Prozent)
▶ Bei erheblichem Schlafdefizit
▶ Bei beruflich starkem Stress
▶ Nach reichlichem Alkoholkonsum
▶ Wenn die Muskeln stark schmerzen

Sie sollten Ihr Training sofort unterbrechen bzw. gar nicht erst damit beginnen:

▶ Wenn Sie beim Atmen auffällig keuchen oder unter Atemnot leiden
▶ Wenn Sie unangenehm müde sind

▶ Wenn Sie im Gesicht blass sind oder schon blaue Lippen haben
▶ Wenn Ihre Gelenke oder Sehnen weh tun oder wenn es über dem Brustbein schmerzt
▶ Wenn Sie übermäßig schwitzen oder ein Schwindelgefühl verspüren
▶ Wenn Sie Fieber haben

Zeit für Ruhe

Auf jede durch Überlastung entstandene Verletzung beim Laufen folgt unvermeidlich eine Entzündung. Zu den Symptomen gehören Rötungen, Schwellungen und Schmerzen. Deshalb ist eine Ruhigstellung nach einer Verletzung das Wichtigste. Ruhe kann eine Laufpause bedeuten oder auch das Ausweichen auf einen Ausgleichssport – je nach Art der Verletzung. Auf jeden Fall muss die Verletzung in Ruhe ausheilen können.

Pech gehabt? Fuß verstaucht? Schwellungen am Knie oder im Bereich der Achillessehne? Die P-E-C-H-Formel hilft: P wie Pause, E wie Eisbeutel, C wie Compression und H wie Hochlagern!

Die häufigsten
Beschwerden

Achillessehnenreizung

Was ist die Ursache? Die Achillessehne verbindet die beiden großen Wadenmuskeln und befestigt sie an der Rückseite des Fersenbeins. Beschwerden sind meist Folge von Fehl- oder Überbelastung (ungewohnt hohe Trainingsintensität) oder ungewohntem Laufbelag (Sand, Berglaufen), falschem oder altem Schuhwerk sowie Überpronation. Die Muskulatur ist zu unelastisch, um Belastung abzufedern.

Was tun? Nach dem Training Eispackungen auflegen, Belastung reduzieren, Schuhe überprüfen, den Fuß mit hartem Fersenkeil leicht erhöhen, Trainingspause einlegen, auf Aquajogging oder Radfahren umsteigen, eventuell zum Sportarzt gehen.

Wie vorbeugen? Gutes Schuhwerk (mit innen verstärkter Mittelsohle und stabiler Fersenkappe). Regelmäßiges Stretching der Wadenmuskulatur. Die Belastung behutsam steigern.

Bei der so genannten Überpronation knickt der Fuß beim Laufen stark nach innen; hier kann die Wahl der Schuhe für Ausgleich sorgen.

Adduktorenzerrung (Leistenzerrung)

Was ist die Ursache? Einige Fasern eines Adduktorenmuskels (an der Oberschenkelinnenseite) reißen.

Was tun? Eispackungen auflegen, entzündungshemmende Medikamente nehmen, Sportarzt konsultieren.

Wie vorbeugen? Gezielte Dehnübungen, vor allem der rückseitigen Oberschenkelmuskulatur, der Vorderseite und der Adduktoren.

Blasen

Was ist die Ursache? Aufgrund von Reibung sammelt sich Gewebeflüssigkeit zwischen der inneren und äußeren Hautschicht.

Was tun? Nur bei kleineren Blasen ist Selbstbehandlung möglich: mit desinfizierter Nadel hineinstechen, damit die Flüssigkeit ablaufen kann. Danach die Haut desinfizieren und mit sterilem Verband (z. B. »Second Skin«) abdecken. Wenn nötig, Behandlung wiederholen.

Wie vorbeugen? Sorgfältige Fußhygiene. Faltenfreie, saubere Strümpfe anziehen. Neue Schuhe allmählich einlaufen, Druckstellen einreiben (z. B. mit Hirschtalg).

Blaue Zehennägel

Was ist die Ursache? Sind die Laufschuhe zu klein, zu eng oder viel zu groß, werden die Fußnägel bei jedem Aufprall geprellt. Das führt zur Entzündung. Bei zunehmender Beanspruchung kommt es zu Blutungen, der Nagel färbt sich blauviolett, das Nagelbett schwillt an.

Was tun? Reinigen, desinfizieren und den Nagel von einem Arzt mehrfach durchbohren lassen, damit das Blut ablaufen kann. Danach Desinfektion, steriler Druckverband. Der Nagel darf nicht entfernt werden.

Wie vorbeugen? Nur mit passenden Schuhen laufen. Nägel schneiden.

Bänderdehnung

Was ist die Ursache? Passiert beim Laufen auf unebenem Untergrund oder bei Unachtsamkeit: Der Fuß knickt um. Die Folge: eine Verstauchung (Distorsion) des Sprunggelenks mit Bänderdehnung oder -riss.

Was tun? Kälte, Kompressionsverband, hochlagern – den Fuß ruhig stellen. Danach zum Arzt. Wenn ein oder mehrere Bänder gerissen sind, ist eine sechswöchige Ruhigstellung nötig.

Wie vorbeugen? Regelmäßige Kräftigung der Unterschenkelmuskeln. Anfällige Läufer sollten hohere Schuhe oder Bandagen tragen und unebenes Gelände meiden.

Ischiasbeschwerden

Was ist die Ursache? Eine Reizung des Ischiasnervs. Durch fehlerhaften Laufstil (Überpronation, Unterprona-

tion, verspannte Oberschenkel- und Gesäßmuskulatur), schwache Bauchmuskeln oder biomechanische Probleme (beispielsweise unterschiedliche Beinlänge, Rückenzerrung) können diese brennenden Kreuzschmerzen im Gesäßbereich auftreten und bis in den Fuß ausstrahlen.

Was tun? Kein Eis, sondern entzündungshemmende Medikamente, Wärme. Locker gehen oder laufen, denn im Sitzen können sich die Probleme noch verstärken.

Wie vorbeugen? Auf gute Sitzhaltung achten. Dehnübungen für die Oberschenkelrückseite, Hüftbeuger, Liegestütze, Rücken- und Bauchmuskeltraining.

Knöchelverstauchung

Was ist die Ursache? Durch Umknicken des Fußgelenks werden die Bänder gezerrt und überdehnt und entzünden sich. Eine Verstauchung zweiten Grades bedeutet den teilweisen Riss von einem oder zwei Bändern, dritten Grades bedeutet Abriss aller drei Bänder.

Was tun? Den verletzten Fuß hochlagern und unbedingt eine Zeit lang ruhig stellen. Drei- bis viermal täglich Kältebehandlung anwenden. Nach etwa 12 bis 24 Stunden mit Wärme gegen den Bluterguss vorgehen. Wenn das Gelenk anschwillt und bewegungsunfähig wird, den Arzt aufsuchen.

Wie vorbeugen? Kräftigungsübungen für die Füße.

Beim Hexenschuss beschränken sich die Beschwerden auf den unteren Bereich der Lendenwirbelsäule, während sie bei Ischiasschmerzen in der Regel in die Beine ausstrahlen.

Bei anhaltenden Muskelkrämpfen empfiehlt es sich, einen Arzt aufzusuchen; in seltenen Fällen kann es sich dabei auch um ein Symptom der Venenentzündung handeln.

Metatarsalgie (Schmerzen am Mittelfußköpfchen)

Was ist die Ursache? Fehlstellung eines Metatarsalknochens, der dadurch höherer Druckbelastung ausgesetzt ist. Der Schmerz im Bereich der Mittelfußknochen fühlt sich an, als hätte man ein Steinchen im Schuh.

Was tun? Den Druck auf die verletzte Stelle reduzieren, entweder durch ein Ballenkissen oder ein in die Einlegesohle geschnittenes Loch.

»Schmieren und salben hilft allenthalben« – na ja, vielleicht nicht überall, aber auf alle Fälle gegen Muskelschmerzen oder den Wolf.

Wie vorbeugen? Gute Laufschuhe, Einlegesohlen.

Muskelkrämpfe

Was ist die Ursache? Muskelkrämpfe treten besonders häufig bei Hitze auf, wenn dem Körper durch Schwitzen Wasser und Mineralien – vor allem Magnesium und Kalium – verloren gehen.

Was tun? Sofort die Belastung unterbrechen. Die verkrampften Muskeln dehnen, Gegenmuskel anspannen.

Wie vorbeugen? Viel trinken, sorgfältig aufwärmen.

Plantarfasciitis (Fußsohlenentzündung)

Was ist die Ursache? Druckschmerz, der bei Überlastung, auch durch Fehlstellung des Fußes (Überpronation, Plattfüße) entsteht, wenn die Sehnenplatte an der Fußunterseite überdehnt wird. Am Fersenansatz entstehen kleine Risse, die zur Entzündung führen.

Was tun? Das Fußgewölbe durch Schuhe mit stabiler Mittelsohle stützen, Tapeverband, spezielle Einlage.

Wie vorbeugen? Stretching für die Wadenmuskulatur, Fußgymnastik, Dehnung der Plantarmuskeln.

Prellung

Was ist die Ursache? Stumpfe Gewalteinwirkung. Es besteht immer die Gefahr, dass Knochen, Blutgefäße oder Nerven verletzt wurden.

Was tun? Eis, kalte Umschläge, Kompression, hochlagern, um Schwellung und Bluterguss gering zu halten. Möglichst bald isometrische Übungen, Anspannen der betroffenen Muskulatur. Keine Massagen!
Wie vorbeugen? Umsichtig laufen.

Schienbeinschmerzen (Knochenhautreizung)

Was ist die Ursache? Harter Untergrund, abgelaufene Schuhe, zu lange Trainingsläufe. Die Knochenhautreizung entsteht besonders bei extremem Fersenlauf mit Überpronation: Bei jedem Aufsetzen des Fußes wird der vordere Schienbeinmuskel gleichzeitig gedehnt und angespannt.
Was tun? Eispackungen, entzündungshemmende Medikamente. Wadenmuskulatur dehnen. Ein paar Tage Trainingspause. Wenn die Beschwerden anhalten, eventuell den Sportarzt aufsuchen.
Wie vorbeugen? Dehnen und Kräftigen der Schienbeinmuskeln.

Verrenkung

Was ist die Ursache? Die Knochen, die das Gelenk bilden, werden vollkommen gegeneinander verdreht. Manchmal springen sie anschließend wieder in ihre alte Position zurück. Wenn nicht, ist das eine schwer wiegende, sehr schmerzhafte Verletzung (Luxation). Das Gelenk schwillt an. Sofort zum Arzt!

Was tun? Gelenk hochlagern, kühlen, ruhig stellen.
Wie vorbeugen? Vor dem Laufen aufwärmen, Kräftigungsübungen. Nach überstandener Verletzung mit Verband oder Bandage stützen.

Wolf (Wundscheuern)

Was ist die Ursache? Reibung der Haut durch Schweißsalzkristalle an der Innenseite des Oberschenkels oder unter dem Arm.
Was tun? Aufgeriebene Stellen mit Vaseline oder Talkum behandeln, einen Verband darüber legen.
Wie vorbeugen? Auf andere Laufbekleidung (sind die Nähte schuld?) umsteigen. Empfehlenswert: Tights aus Kunstfasern. Vorher die empfindlichen Stellen mit Vaseline eincremen.

Die Enzyme Bromelain und Papain, die in Ananas und Papayas enthalten sind, führen bei typischen Sportverletzungen wie Prellungen, Verstauchungen und Quetschungen zu einer schnelleren Abheilung der Blutergüsse.

Wenn nach einer Verrenkung das Gelenk anschwillt, müssen Sie zum Arzt gehen!

Spezial: Motivation

Wenn die Lust fehlt, wenn das Wetter zu kalt, zu heiß oder zu stürmisch oder wenn der Himmel zu grau ist, dann hängen nicht nur die Wolken tief. Wenn es zum Laufen entweder zu früh oder zu spät ist oder zu kurz nach dem Essen, sprich: wenn Sie einfach keine Lust haben, dann sollten Sie sich Gedanken über Ihren Mangel an Motivation machen.

Innerer Schweinehund

Wenn gar nichts mehr geht und Sie die Laufschuhe am liebsten in die Ecke werfen würden, wenn Sie müde sind und an sich selbst zweifeln, wenn Sie nur noch denken können: »Mist, wenn mich doch jetzt nur einer aufbauen würde«, dann stecken Sie ohne jeden Zweifel in einer Krise.

Das ist kein Drama! Das geht allen so, die sich langfristige Ziele stecken. Krisen sind überwindbar. Die nötige Motivation lässt sich aufbauen, und zwar jederzeit. Jeder kann lernen, sich selbst anzuspornen. Und natürlich auch Sie.

Das erste große Missverständnis, das Sie aus dem Weg räumen müssen, ist der Wunsch nach Hilfe durch andere. Wirksame Energien können Sie von nirgendwo erwarten. Positiven Antrieb, also Motivation, finden Sie nur in sich selbst.

Was ist Motivation?

Motivation – das Wort sagt es schon – ist eng gekoppelt mit Motiven, also mit Beweggründen: Was treibt mich dazu? Wirklich motiviert bin ich erst dann, wenn ich einen Sinn in meinem Tun erkenne. Das ist ganz wichtig – erst innere Überzeugung lässt mich mit Freude und Engagement handeln. Sie erzeugt die nötige Willenskraft und das Durchhaltevermögen. Motivation ist das Motiv für Aktion. Motivation ist die Energie, die alles in Bewegung bringt.

Die Quellen unserer Motivation

Hingabe, Leidenschaft und Enthusiasmus sind die Auslöser für Motivation. Wir müssen von dem, was wir tun, nicht nur überzeugt, sondern auch begeistert sein. Wenn wir begeistert sind, können wir alles schaffen. Wer begeistert ist, reißt auch andere mit, spornt sie an, bewegt sie. Das wiederum hilft, die eigenen Ziele leichter zu erreichen. Niemand kann gezwungen werden, Außergewöhnliches zu leisten. Das schaffen nur diejenigen, die es wirklich wollen. Und so motivieren Sie sich:

- ▶ Setzen Sie sich ein attraktives Ziel.
- ▶ Verknüpfen Sie Ihr Ziel mit guten Gefühlen (Freudeprinzip).
- ▶ Entscheiden Sie sich für vollen Einsatz.
- ▶ Setzen Sie sich bei allem, was Sie tun, voll ein. Verbannen Sie Halbherzigkeit aus Ihrer Gedankenwelt.
- ▶ Tun Sie das, was Sie gerade zu erledigen haben, bewusst, mit Spaß und mit voller Konzentration.
- ▶ Wer das Gewöhnliche mit ungewöhnlicher Begeisterung, mit Hingabe tut, wird Erfolg haben.

Die Zielvorstellung

Wer sich wirksam motivieren will, braucht unbedingt ein Ziel vor Augen, eine Vision. Ziele geben

Spezial: Motivation

sowohl die Anfangsmotivation (Vorfreude) als auch die ebenso wichtige Motivation zum Durchhalten. Deshalb sollten Sie:

▶ Ihr gesetztes Ziel immer positiv formulieren
▶ Ihr Ziel realitätsnah setzen
▶ Ihr Ziel konkret benennen (Datum, Ort, Zeit)
▶ Ihr Ziel in einem überschaubaren Zeitraum erreichen können
▶ Ihr Ziel ohne fremde Hilfe erreichen wollen

Die richtige Einstellung

Fragen Sie sich immer wieder bewusst: »Was ist mein Ziel?« Wollen Sie vor allem den Kitzel erleben, die Herausforderung, einen Marathon zu bestehen? Wollen Sie den Marathon nur erfolgreich beenden oder eine bestimmte Zeit erreichen? Wollen Sie die selbst gewählte Trainingsdisziplin durchhalten? Wollen Sie durch Ihr Training vor allem den Fettverbrennungsmotor am Laufen halten? Oder treibt Sie die schiere Lust am Laufen? Die Antwort ist wichtig. Denn nur dann können Sie die richtige Einstellung entwickeln. Und nur dann wird sich jener Spaß beim Training einstellen, der beflügelt und der Ihnen über alle Tiefs und Lustlosigkeiten hinweghilft.

Visualisieren

Stellen Sie sich auch das Erreichen Ihres Ziels in allen Facetten vor. Gehen Sie das Rennen im Kopf durch. Sehen Sie sich leicht und locker laufen. Spüren Sie die Freude und das Glück auf den letzten Metern. Durch diese Visualisierung lösen Sie im Gehirn die emotionale Intensität aus, die Ihre Begeisterung in Gang setzt und am Leben hält.

Sie haben heute keine Lust loszulaufen? Erinnern Sie sich jetzt an Ihr schönstes und wichtigstes Erfolgserlebnis beim Laufen. Spielen Sie es nochmals in allen Einzelheiten im Kopf durch: Was hören und sehen Sie? Wie erleben Sie diese Situation? Wie kommen Sie normalerweise in die Gänge?

Die Erinnerung und Erfahrung bemühen

Wenn es Ihnen akut an Motivation mangelt, rufen Sie sich positive Erfahrungen, von denen Sie garantiert immer wieder welche gemacht haben, in Erinnerung:

▶ Wie viel Spaß es doch eigentlich macht, in Aktion zu sein.
▶ Wie befriedigend es ist, schließlich eine selbst gestellte Aufgabe zu erfüllen.
▶ Wie es letztlich aufbaut, nicht immer gleich aufzugeben.
▶ Wie wohl Sie sich hinterher fühlen, nach jedem Trainingslauf.
▶ Wie klasse sich das Wettkampfprickeln anfühlt.
▶ Wie wundervoll es ist, von anderen angefeuert zu werden.
▶ Wie großartig das Gefühl ist, wenn Sie für sich wissen: Ich habe mich gut auf mein Rennen vorbereitet.
▶ Wie gut es tut, Anerkennung zu finden.

Die Norwegerin Grete Waitz, die neunmal den New-York-City-Marathon gewann, nutzte alles, was für sie Laufen symbolisierte, um sich fürs nächste Rennen zu motivieren: Poster, Lauf-

Spezial: Motivation

magazine, Marathonvideos. Sie empfiehlt überdies, sich Weisheiten oder Sprüche, die motivieren können, an den Spiegel zu hängen, immer schön in Sichtweite.

Training als feste Gewohnheit

Gewohnheiten können wie Fesseln sein. Anfangs fällt es sicher schwer, Ihr Training in den Alltag einzubauen. Vielleicht müssen Sie sich sogar Tag für Tag neu einstimmen. Das kostet viel Kraft. Deswegen: nie lange nachdenken und fackeln. Rein in die Laufklamotten und los! Alte Gewohnheiten lassen sich nur durch neue, oft mühselige Aktivität ändern, bis das Neue schließlich zur Gewohnheit geworden ist. Aber bleiben Sie dabei flexibel! Eine gewisse Trainingsdisziplin sollte schon sein, aber machen Sie sich dabei nicht verrückt. Sie müssen nur, was Sie wollen. Und Sie wollen doch vor allem eines: Spaß haben.

Wenn es einmal nicht gut läuft, gönnen Sie sich zwischendurch Gehpausen. Und warum nicht mal spontan das Pensum ändern? Lassen Sie ruhig mal eine Trainingseinheit aus. Gehen Sie stattdessen spazieren, oder fahren Sie Rad.

Schlechte Gewohnheiten durchbrechen

▶ Schieben Sie nichts auf die lange Bank. Lassen Sie auf Ihren guten Vorsatz immer sofort eine Tat folgen, bevor der innere Schweinehund es sich anders überlegt.

▶ Machen Sie Ihre neue Tätigkeit zu einer regelmäßigen Gewohnheit. Erst wenn Sie eine Tätigkeit wirklich zu einer Gewohnheit machen, müssen Sie nicht jedes Mal wieder so viel Energie aufbringen, sich zu motivieren, wie beim ersten Mal.

▶ Gestatten Sie sich keine Ausnahmen. Bleiben Sie konsequent. Ausnahmen torpedieren Gewohnheiten, Sie würden sich schon bald eine weitere Ausnahme erlauben, was alles nur unnötig erschwert. Das amerikanische Sprichwort »The exception kills« ist leider wahr!

Suchen Sie Abwechslung

Die tägliche Laufroutine auf immer wieder derselben Strecke kann auf die Dauer mürbe machen. Variieren Sie Ihr Training unbedingt:

▶ Testen Sie neue Routen, suchen Sie neue Strecken.

▶ Laufen Sie zu unterschiedlichen Tageszeiten.

▶ Laufen Sie unterschiedlich lange Distanzen.

▶ Lassen Sie sich beispielsweise auch mal irgendwo absetzen, und laufen Sie dann heim.

Suchen Sie sich Mitläufer

Die meisten trainieren solo. Manchmal unfreiwillig, oft aber auch freiwillig. Dabei kann ein Trainingspartner sehr hilfreich sein: Sie raffen sich leichter auf, schon, um den anderen nicht hängen zu lassen. Plauschend, zu zweit oder in der Gruppe, vergehen längere Distanzen wie im Flug. Warum schließen Sie sich z. B. nicht einem Lauftreff an – wenigstens einmal pro Woche. Auch, um Erfahrungen auszutauschen. Dabei können Sie viel lernen.

Selbstmotivation

Selbstmotivation ist Ihre positive Energiequelle – die wichtigste, die Ihnen zur Verfügung steht.

Spezial: Motivation

Sie sprudelt nur, wenn Sie sich klare Ziele setzen. Wie gesagt: Diese Ziele müssen erreichbar sein, Schritt für Schritt. Die Strategie der kleinen Schritte ermöglicht Zwischenresultate und kleine Erfolgserlebnisse. Sich Ziele setzen, diese Ziele nicht aus den Augen verlieren, Misserfolge und Rückschläge wegstecken können – das ist schwer. Aber bitte vergessen Sie nicht: Auch Sie können das spielend lernen!

Tricks für die erfolgreiche Selbstmotivation

▶ Legen Sie vor dem Training Ihre Lieblingspowermusik auf, so können Sie sich schnell positiv aufladen.

▶ Hüpfen Sie auf der Stelle. Das ist ein erster Schritt, wenn Sie aus der Lethargie in Aktion kommen wollen.

▶ Besinnen Sie sich regelmäßig auf Ihre Stärken. Fragen Sie täglich:»Was ist heute für mich gut gelaufen?«

▶ Loben Sie sich auch einmal, wenn Sie etwas gut hingekriegt haben. Das kann nie schaden.

▶ Erinnern Sie sich auf dem Weg zu einem neuen Ziel immer an alte Erfolge und das gute Gefühl, das Sie dabei hatten.

▶ Arbeiten Sie mit positiven Affirmationen, um Ihr Selbstbewusstsein zu stärken: »Ich mache meine Sache richtig gut.« »Ich bin innerlich sehr stark und halte durch.« »Ich lasse mich auf meinem Weg nicht abbringen.« »Ich weiß, dass ich erfolgreich sein werde.« Positive Affirmationen stabilisieren die Motivation.

▶ Denken Sie sich die große Aufgabe klein: in handliche Portionen zerlegen und diese dann nacheinander anpacken. Durch diesen simplen Trick verliert sie ihren Schrecken.

▶ Verzweifeln Sie nicht an schwierigen Aufgaben und Problemen. Betrachten Sie jede schwierige Situation als Herausforderung und als Chance zur Bewährung. Und als Chance, die persönliches Wachstum ermöglicht.

▶ Belohnen Sie sich zwischendurch selbst für kleine Erfolge.

Der Lohn der Anstrengung: Gleich ist das Zielband erreicht ...

Register

Über die Autoren

Herbert Steffny ist Diplombiologe und war 16facher Deutscher Meister und Olympiateilnehmer. Er wurde 1986 Dritter bei der Europameisterschaft im Marathonlauf. Seit 1989 leitet er Lauf- und Fitnessseminare. Kontakt: www.herbertsteffny.de

Ulrich Pramann ist Bestsellerautor und begeisterter Hobbyläufer (14 Marathons). Er war Chefredakteur und Herausgeber des Magazins Fit for Fun. Als Autor beschäftigt er sich mit den Themen Sport, Fitness und Karriere.

Literatur

Pramann, Ulrich: *Marathon.* Steiger Verlag. Augsburg 1999
Fischer, Joschka: *Mein langer Lauf zu mir selbst.* Kiepenheuer & Witsch. Köln 1999
Steffny, Herbert/Pramann, Ulrich: *Perfektes Lauftraining.* Südwest Verlag. 19. Auflage, München 2003
Steffny, Herbert/Pramann, Ulrich/ Doll, Charlie: *Perfektes Lauftraining – Das Ernährungsprogramm.* Südwest Verlag. 3. Auflage, München 2003
Herbert Steffny: Das große Laufbuch. Südwest Verlag

Bildnachweis

Archiv Steffny: 79, 80, 81, 82; Corbis Stockmarket, Düsseldorf: 28 (Warren Morgan); Fotoarchiv, Essen: 7 (Jan Potente), 94 (Charles Rogers); Gettyimages, München: 4 (Reportage/Paul Gilham), 12 (Paul Simcock), 35 (Image Bank/Yellow Dog Productions), 52 (Photonica/Leland Bobbe), 56 (Reportage/John Gichigi); Jump, Hamburg: 8 (Sandkühler), 105 (Marco Grundt); Mauritius-Bildagentur, Mittenwald: U1 (Ypps), 3 (age fotostock), 40 (Rafael Macia), 43 (Eugen Gebhardt); Picture Alliance, Frankfurt: 50, 98, 104 (dpa/ Norbert Schmidt), 109 (dpa/Report); Superbild, München: 32 (Phanie/Alex); Südwest Verlag, München: 17 (Alescha Birkenholz), 19, 20, 24, 47, 84, 98 (N. Olonetzky), 29 (Gerhard Heidorn), 76 (Stefan Eisend), 89 (Barbara Bonisolli), 90 (Rolf Seiffe), 93 (Matthias Tunger)

Impressum

© 2006 by Südwest Verlag, einem Unternehmen der Verlagsgruppe Random House GmbH, 81673 München

Projektleitung Susanne Kirstein
Redaktion Text und Form – Nicola von Otto, München
Bildredaktion Tanja Nerger
Projektrealisation, Layout, Grafik, Satz
v|Büro – Jan-Dirk Hansen, München
Korrektorat Suanne Langer
Repro Artilitho snc, Lavis-Trento
Druck und Verarbeitung Alcione, Lavis

Printed in Italy

Verlagsgruppe Random House FSC-DEU-0100

Das für diesen Titel verwendete FSC®– zertifizierte Papier *LuxoArtSamt* liefert Papyrus, Deutschland.

ISBN: 978-3-517-06443-7
10

Hinweis
Die Ratschläge in diesem Buch sind von Autoren und Verlag sorgfältig erwogen und geprüft; dennoch kann eine Garantie nicht übernommen werden. Eine Haftung der Autoren bzw. des Verlags und dessen Beauftragten für Personen-, Sach- und Vermögensschäden ist ausgeschlossen.